AF150685

THERESA CRUZ

VON *Kind* AN IM *Bordell*

DIE PROSTITUIERTE

novum ▲ pro

Dieses Buch ist auch als
e-book
erhältlich.

Bibliografische Information
der Deutschen Nationalbibliothek:

Die Deutsche Nationalbibliothek
verzeichnet diese Publikation in
der Deutschen Nationalbibliografie.
Detaillierte bibliografische Daten
sind im Internet über
http://www.d-nb.de abrufbar.

Gedruckt in der Europäischen Union
auf umweltfreundlichem, chlor- und
säurefrei gebleichtem Papier.

© 2025 novum publishing gmbh
Rathausgasse 73, A-7311 Neckenmarkt
office@novumverlag.com

ISBN 978-3-7116-0071-4
Lektorat: Thomas Schwentenwein
Umschlagfoto:
Arman Zhenikeyev I Dreamstime.com
Umschlaggestaltung, Layout & Satz:
novum Verlag
Autorenfoto: Theresa Cruz

www.novumverlag.com

Druckprodukt mit finanziellem
Klimabeitrag
ClimatePartner.com/16547-2311-1001

Inhaltsverzeichnis

Einleitung 7
Aargau 9
Die Prostituierte 12
Nachts in der Waschküche (Retro) 16
Der Zuhälter 18
Das lange Schweigen 24
Der Hündeler 29
Der Kirchgänger und die Frau im Rollstuhl 32
Der Bauer 36
Schlafstörungen 39
Der Marathonläufer 41
Afrika 1 46
Der Gärtner 49
Afrika 2 52
Der Rückschaffer 56
Geldsorgen 60
Der Elegante 62
Afrika 3 66
Der Türsteher 69
Afrika 4 71
Der Gentleman 76
Zweitleben 78
Das Walross 82
Der Einsame 87
Der Unbeugsame 92
Der Entdecker 95
Der Schuhverkäufer 99
Der Türkischlehrer 101
Der Schulleiter 104
Der Überforderte 108
Der Nutzlose 114
Das Verdingkind 119

Einleitung

Es war dunkel im Raum. Céline starrte auf die Szene und verstand nicht genau, was da vorne ablief. Ihr Vater saß auf einem Barhocker, auf seinen Knien eine dicke Frau, die riesigen Brüste in ein Netz-T-Shirt gezwängt, daneben stand noch eine Frau, die, oben mit einem Hauch von BH und unten nur mit einem Minirock bekleidet, ihren Busen an den Vater drückte. Zwei Frauen, halb nackt, und dazwischen der Vater, der sie fassungslos anstarrte, erschrocken, dass er ertappt worden war. Ertappt von einem zehnjährigen Kind, das nicht verstand, was das alles bedeutete. Ertappt von einem Mädchen, das zum ersten Mal im Leben in einem Striplokal stand und die Augen nicht abwenden konnte, stumm und starr. Blaue große Augen mit langen Wimpern; blonde ungezähmte Locken, fast schon ungepflegt und nicht zu bändigen, fielen in ihr schmales Gesicht. Der Körper ebenso schmal und noch nichts entwickelt, was auf die Frau hinwies, zu der sich das Kind viele Jahre später entwickeln würde.

Draußen wartete irgendwo die Mutter, weiter hinten noch die Schwester. Die Szene brannte sich in Célines Seele ein, es dauerte Jahre, bis sie je über dieses Lokal im Herzen von Zürich am Helvetiaplatz sprechen konnte. Wir schreiben das Jahr 1975, die Langstrasse und der Helvetiaplatz, kurz der Kreis vier, waren bekannt fürs Rotlichtmilieu, das sich in schmuddeligen Clubs, in Hinterzimmern und Striptease-lokalen abspielte. Kinder waren nicht erwünscht in solchen Lokalen. Der Vater wurde schnell auf die Straße gesetzt, was auch das Ziel der Ehefrau des Ertappten und der Mutter der beiden Mädchen war: Zwei Mädchen, die im Alter von zehn und elf Jahren das erste Mal in ihrem Leben eine andere, dunklere Seite von Zürich sahen. Céline spürte Mitleid mit dem Vater. Wieso musste er mit den dicken, hässlichen Frauen dort stehen? Wieso war der Raum so düster und schmud-

7

delig? Wieso saß diese dicke Frau auf seinem Schoß, wenn er doch ihre Mutter zu Hause hatte, die viel schöner war? Keiner beantwortete ihre Fragen, keiner erklärte ihr, was das alles bedeutete.

Die Folgeszene zu Hause und wie sie überhaupt wieder nach Hause kamen und mit welcher Besetzung an Personen, das alles konnte sie später nicht mehr sagen. Das Bild mit dem Vater und den nackten Frauen würde sie nie mehr vergessen, selbst wenn sie es wollte, alles andere trat in den Hintergrund. Es vergingen Jahre, in denen sie den Vater immer wieder nach Hause holen musste, geschickt von der Mutter, später gerufen vom Vater selbst, wenn er wieder mal zu wenig Geld hatte, um das Bordell verlassen zu können.

Céline gewöhnte sich ans Warten in halbdunklen Räumen mit roten Plüschsesseln und an halb nackte Frauen mit älteren Männern an der Bar. Im Laufe der Jahre wurden die Frauen immer schöner, die Männer hingegen immer älter und hässlicher. In die oberen Räume ging sie nie. Oben waren die Schlafzimmer, oft kamen die Kunden schon nach einer Stunde wieder runter, meistens dauerte es nicht mal so lange. Viele Kunden tranken den Champagner – die billigeren Flaschen zu 500 Franken aufwärts – zusammen mit der ausgewählten Prostituierten, führten lange Gespräche und saßen an der Bar oder in versteckten Ecken und schauten abwechselnd an die Stange mit den Tänzerinnen oder in den Ausschnitt der Auserwählten.

So war auch der Vater oft alkoholisiert, wenn Céline ihn abholte. Die hohe Rechnung, die sie begleichen musste mit der Kreditkarte, setzte sich zu einem Viertel aus der Zimmerrechnung, sprich der Zeit, in der er im Zimmer war mit einer Dame, und zum größeren Teil aus dem konsumierten Alkohol zusammen. Das viele Geld, das er bezahlen musste, war also vor allem für den getrunkenen Champagner. Die Lokale, die sie kennenlernte, waren zeitweise wunderschöne Clubs im Aargau, in Zollikon, in der ganzen Schweiz. Je teurer der Club, desto schwieriger der Einlass.

8

Aargau

Mit einer Panzertür gesichert, öffnete sich ein kleines Fenster und der Sicherheitsmann schaute sie an. Er öffnete die Tür, überragte sie beim Einlass um einen ganzen Kopf, maß mehr als einen Meter neunzig und sein Oberkörper war muskelbepackt. Sein Kopf war kahl rasiert und er steckte trotz seines bulligen Aussehens in einem sehr teuren Anzug. Ohne eine Miene zu verziehen, fragte er sie, was sie wolle. Wie immer verwies sie auf ihren Vater, der wartete, erklärte, dass sie die Tochter sei und keine wütende Ehefrau und dass er – ihr Vater – nicht in der Lage sei, alleine nach Hause zu fahren.

Mittlerweile war Céline 21 Jahre, groß, die Locken gebändigt, die Beine unter einem langen Mantel versteckt, die Augen fast ungeschminkt. Noch immer schmal, wenn nicht eher dünn, betrat sie hinter dem doppelt so großen und breiten Bodyguard den Club. Immer wieder musste sie jetzt die Angebote, die sie beim Warten an der Bar erhielt, abweisen, auch wenn sie – als einzige Frau – ganz bekleidet war. In normalen Straßenkleidern, mit einem Rollkragenpullover, weit und bis oben hochgeschlossen, in Jeans und breiten Stiefeln, nicht aufreizend gekleidet, fiel sie auf. Fast 1 Meter achtzig groß (nur zwei Zentimeter fehlten), schlank, mit den langen blonden Locken und den blauen Augen ein für kleine und große Männer wahr gewordener Traum, in einer Welt, in der die Frauen käuflich waren und nur darauf warteten, ausgewählt zu werden.

Sie hatte viel gelernt über die Frauen und die Kunden. In den Unterhaltungen hörte sie über die Beweggründe der Frauen, die sich verkauften, und bei Weitem waren nicht alle dazu gezwungen worden. Für viele war die Schweiz eine erste Anlaufstelle, um Geld zu verdienen und um schnell an viel Geld zu kommen, dazu war die Prostitution gut, vorausgesetzt, es kassierten nicht zu viele mit. Viele Frauen ernährten Familienangehörige oder Kinder, einige waren in der Schweiz verheiratet und kauften sich mit dem Zusatzverdienst Markenprodukte wie Handtaschen, Schmuck oder schöne Kleider. Andere finanzierten ein Studium oder waren gerade arbeitslos und auf der Suche nach einer neuen Stelle. Da war die Prostitution mehr als Zwischenverdienst gedacht.

Céline sprach Französisch, Spanisch, Englisch, ein wenig Russisch (neben Deutsch) und das vereinfachte es ihr sehr, sich mit den Frauen zu unterhalten. Als Erstes waren da die Brasilianerinnen. Schwarzgelockt, mit Mandelaugen, vielen Kurven und braun gebrannt, waren sie sehr beliebt bei den Kunden. Sie waren trinkfest und recht hart im Nehmen. Von ihnen lernte Céline, dass Frau sich während ihrer Menstruationstage einen speziell großen Tampon (erhältlich nur in ausgewählten Apotheken rund um die Langstrasse) reinstopfen konnte, um zu verhindern, dass während des Geschlechtsverkehrs mit dem Kunden Blut floss. Diesen Tampon, wie eine liegende Acht geformt und extrem saugfähig, stopfte Frau sehr tief in die Scheide und holte ihn später wieder raus. Er besaß keine Schnur wie andere Tampons und wenn er tief drinnen war, spürte der Kunde nichts davon. Viel später sollte Céline ihn ebenso anwenden, als sie die Hemmungen verloren hatte, während der Menstruation doch ab und zu privat oder beruflich Geschlechtsverkehr zu haben.

Nach den Brasilianerinnen folgten die Russinnen, groß, blond, gut aussehend und recht gut in der deutschen oder englischen Konversation. Sie hatten oft dreimonatige Arbeitsverträge und wechselten nachher den Club. Unter ihnen waren Mütter, Studentinnen und viele junge Frauen, die nicht freiwillig angefangen hatten, sich zu prostituieren. Die Frauen in den Edelbordellen waren längst nicht so „abgelöscht" wie die Frauen, die Céline in ihrer Kindheit angetroffen hatte rund um den Helvetiaplatz und die Langstrasse. Dort waren die Clubs, Bars und Zimmer heruntergekommen, in einem schlechten Zustand und oft stickig, gefüllt von Männern in abgewetzten Kleidern. Billiger Alkohol floss reichlich und es konnte geraucht und ausgedünstet werden. Gelüftet wurde nur, wenn ein Neukunde eintrat. In den besseren Clubs gab es immer eine oder mehrere Wellnessanlagen, der Kunde musste duschen und auch die Hygiene in den Zimmern war eins a. Die Champagnerflaschen waren teurer und die Bordelle waren meistens gehobene, in Rot gehaltene Einrichtungen mit gemütlichen Ecken, einer Stange, die gut sichtbar im Zentrum stand, oder sogar mit einer kleinen Bühne. Die Zimmer befanden sich im oberen Stock. Sie waren vornehmlich so angelegt, dass sich die Kunden nicht gegenseitig über den Weg liefen. Bezahlt wurde unten mittels Kreditkarte.

Die Prostituierte

Das lange Warten

Draußen lag ein Hauch von Schnee. Es war Anfang Januar. Die Straßen in Zürich waren trostlos und leer. Am Seilergraben Richtung Häringstrasse hastete eine große, schlanke Frau in einem langen schwarzen Mantel der dunklen Straße entlang. Ihre blonden langen Locken trug sie zusammengebunden unter einer schwarzen Mütze, über der Schulter hing ein Kulturbeutel mit frischer Kleidung. Die Straße war durch ein diffuses rotes Licht beleuchtet, keiner war um diese Zeit noch draußen in der Kälte. Schon wieder war Céline zu spät unterwegs zu ihrer Schicht. Das Elterngespräch hatte zu lange gedauert. Es war bereits nach sieben Uhr, als sie das Schulhaus verließ und Richtung Bahnhof rannte.

Sie klingelte beim Roten Stern. Oben war Hermes, die Schwulensauna. Der rote Stern war der Klingelknopf für ein Bordell, das sich im Erdgeschoss befand. Im Gegensatz zu den Etablissements der Zähringerstrasse hingen keine Fotos draußen, nichts deutete auf das Geschäft hin, das sich in einer Wohnung eingemietet hatte. Die Schicht heute würde lange dauern. Normalerweise waren der Oktober, November und die Vorweihnachtszeit die besten Zeiten. Im Januar hatten die meisten Männer ein Januarloch und weniger Geld, um ein Bordell aufzusuchen.

In der Vorweihnachtszeit kamen vor allem Singles oder Männer, die sich mit der Partnerin zerstritten hatten. Familienmänner waren versöhnlicher unterwegs und Geld wurde in Geschenke für Kinder und Partnerin investiert, nicht in Prostituierte und das eigene Vergnügen. Die Tür öffnete sich automatisch. Die Videoüberwachung hatte sie erkannt.

Sie trat ein. Jürg stand bereits unten. Er war der Chef des Etablissements und auch vor Ort, falls es Schwierigkeiten mit einem Kunden geben sollte. Klein, untersetzt und mit Glatze, stets elegant gekleidet, versteckte er die Muskeln, die sich unter seinem Hemd verbargen. Sie waren zu viert heute Abend. Als Erstes war da Angelica, eine kleine, schwarzhaarige Deutsche, die zu Hause vier Kinder hatte. Diese wurden von der Großmutter betreut, wenn immer sie in der Schweiz auf sogenannter Stellensuche war. Sie war verheiratet und stammte ursprünglich aus der Türkei. Mit ihrer leicht gebräunten Haut, den kohlrabenschwarzen Haaren und den Mandelaugen war sie attraktiv, wenn auch schon um die 35 Jahre alt, was in dem Metier für alt stand. Ihre Familie und ihr Mann durften nichts von ihrer Tätigkeit wissen, daher arbeitete sie in der Schweiz. Die nächste Anschaffdame war Nadine. Blond, mit dünnen Haaren und dem Computer auf dem Schoß saß sie bereits umgezogen auf einem dunkelroten Sofa. Sie war Schweizerin und wirklich auf Stellensuche im Bereich KV, also als Kauffrau. Übergangsmäßig und um ihre Rechnungen bezahlen zu können, war sie seit einer Woche im Betrieb. Gebucht wurde sie meistens von älteren Herren, da sie fein und zierlich war. Diese kamen oft nach einer Operation ins Bordell, um zu schauen, ob es mit der Erektion noch funktionierte. Sie waren mehr auf Gutbürgerliches aus, nicht auf Exotisches, nicht zu kurvig oder zu mollig und auch nicht zu groß. Vor allem deutsch sprechen sollten sie können und blonde Haare waren beliebt. In Zeiten, in denen viele Kunden kamen, waren diese Einsätze mit älteren Herren nicht sehr beliebt, da sie meistens knauserig waren mit dem Trinkgeld und nach einer halben Stunde das Ganze schon vorbei war. In den Zeiten, in denen nichts lief – so wie heute –, waren die meisten Frauen nicht mehr wählerisch. Céline hatte Nadine erst zweimal getroffen. Dabei wurde nicht viel gesprochen oder gefragt. Im normalen Leben auf der Straße grüßte man sich sowieso nicht oder tat, als kenne man sich nicht. Selten entwickelten sich gute Freundschaften.

Nadine arbeitete genau wie Céline an den Wochenenden, vorzugsweise am Freitag- oder Samstagabend, unter der Woche hatte sie Vorstellungsgespräche oder musste aufs RAV, das Regionale Arbeitsvermittlungszentrum. Als Letztes rekelte sich noch Margarita auf dem zweiten Sofa. Mit ihren kurvigen Rundungen, den schwarzen Zapfenlocken und den großen braunen Kulleraugen war sie sehr beliebt bei den Kunden, die auf Exotik standen. Sie sprach Spanisch und ein wenig Englisch. Sie stammte aus der Dominikanischen Republik, hatte eigentlich einen Schweizer Ehemann und verdiente hier zusätzlich Geld, um Markentaschen zu kaufen und Geschenke in ihre Heimat zu schicken. Kinder hatte sie mit ihren 23 Jahren noch keine. Im Roten Stern arbeiteten nur Frauen, die sich freiwillig prostituierten, sei es, da das Geld mit der normalen Arbeit nicht reichte, da sie keine andere Arbeit fanden, oder sei es, um – wie Margarita – zusätzlich Taschengeld zu verdienen. Keine wurde dazu gezwungen und für die Sicherheit sorgte Jürg mit der Videokamera, Alarmvorrichtungen und seiner Präsenz. Er kümmerte sich auch um den Rest, also die Reinigung des Etablissements, die Einkäufe der Hygieneartikel und den Schichtplan. Mit den drei Schlafzimmern, einer Wellnessanlage, zwei Duschen und einem gemeinsamen Aufenthaltsraum konnten nie mehr als vier Frauen dort arbeiten. Es gab eine interne Liste mit den festgesetzten Stundenpreisen und den Abgaben, die Jürg Ende des Monates einkassierte. Céline bekleidete sich nach dem Duschen mit einem roten durchsichtigen Negligé, das knapp den Po bedeckte, darunter war sie nackt. Dazu trug sie rote Stöckelschuhe, nicht zu hoch, da sie mit ihrer Größe die meisten gleichaltrigen Männer überragte. Sie trug Lippenstift auf, zog mit einem Kajalstift den schwarzen Strich über den Wimpern nach und erneuerte die Wimperntusche. Sie setzte sich mit einem Getränk zu den anderen Frauen. Das große Warten begann. Endlich ertönte die Glocke, eine Gestalt erschien auf dem Bildschirm. Gut eingepackt erkannte man nicht viel von dem Kunden, der Einlass begehrte. Jürg empfing ihn und nahm ihm den Mantel ab. Es handelte sich um einen älteren Herrn in den Achtzigern. Etwas verschämt schaute er sich die wartenden Damen an und steuerte dann auf Nadine zu.

Sie verschwanden in einem der Zimmer mit Whirlpool. Die drei Verbleibenden setzten ihre Gespräche fort. Nach einer halben Stunde gesellte sich Nadine wieder zu ihnen. Jürg half dem Kunden in den Mantel und geleitete ihn noch zum Ausgang. „Wie war's?", fragte Margerita neugierig. „Nichts Spezielles", meinte Nadine ungerührt, „er wollte nur ausprobieren, ob er noch eine Erektion bekommt nach einer Herzoperation." Sie holte sich wieder ihren Computer und widmete sich den Stelleninseraten. Das Warten ging weiter, nervtötend und zähflüssig. Angelica schlug Céline vor, sich zu zweit Kunden zu suchen, diese Warterei und kein Einkommen beschäftigten die Mutter von vier Kindern. Céline hatte sich das Ganze auch schon überlegt. Sie mussten dann nicht einen Teil des Einkommens abgeben, andererseits fielen der Schutz und die Sicherheit weg. Angelica war nicht die Kräftigste. Zudem hieß es dann irgendwo hinzufahren, was zeitlich auch aufwendig sein konnte. Nach zwei Stunden des Wartens ohne Kundschaft zog Céline sich um und verabschiedete sich von den zwei anderen. Angelica war bereits vor einer halben Stunde gegangen.

Draußen lag jetzt wenigstens mehr Schnee. Wenn die Kinder morgen früh erwachten, würde es ein Fest geben.

Nachts in der Waschküche (Retro)

Geschirr klirrte unten in der Küche. Dazwischen hörte man die Schreie des Vaters und immer wieder leiser das Schluchzen der Mutter. Plötzlich war es ruhig, dann knallte etwas, dann war es wieder ruhig. Stocksteif lag Céline oben hellwach im Bett. Ihre beiden Schwestern im selben Zimmer waren sicher ebenso wach, keine sagte etwas. Die eine Schwester würde wieder einnässen. Die Angst, dass der Mutter etwas passieren könnte und der Vater nachher nach oben in die Schlafzimmer der Kinder kommen würde, war zu groß. Sie alle hatten Angst vor dem Geschlagenwerden, sie hatten Angst vor dem darauffolgenden Schmerz. Es vergingen bange Minuten, in denen unten das Toben und Wüten wieder einsetzte, bis plötzlich die Mutter ins Zimmer kam, im Schlepptau der ältere Bruder und die beiden jüngeren Schwestern. „Aufstehen und Schuhe anziehen, schnell!", schrie sie. Mit verheulten Augen und nur mit dem Nachthemd, einem Mantel und alten Pantoffeln bekleidet, jagte die Mutter die verängstigten Kinder aus dem Bett. Sie stolperten die Treppe runter, dann gings vorbei an der halb offenen Küchentür und raus in den Schnee. Die Kälte schlug ihnen ohne Vorwarnung entgegen, ließ das Gesicht und die halb nackten Beine gefrieren. Céline liefen innerhalb kurzer Zeit die Tränen übers Gesicht. Auch ihren jüngeren Schwestern rannen lautlos Tränen über die Wangen. Es hatte geschneit in der Nacht und die Straße war rutschig. Da es definitiv zu kalt war, um – wie üblich – im Wald zu übernachten, steuerte die Mutter in Richtung benachbarte Waschküche mit den Worten „Legt euch noch etwas hin, morgen müsst ihr ja in die Schule". Sie legten sich auf den kalten Betonboden, zum Glück waren sie alle gemeinsam da. Der Bruder blieb mit der Mutter sitzen und lehnte sich gegen die Wand. Sein Gesichtsausdruck war grimmig und verschlossen. Zu oft schon hatte er solche Szenen miterleben müssen. Zu oft waren der Wald oder die Waschküche die Rettung gewesen. Damit keiner der Nachbarn sie am Morgen treffen würde, kehrten sie gegen fünf Uhr morgens ins Haus zurück. Es war jetzt ruhig, wenn auch noch überall die Spuren des Streites herumlagen. Am Morgen, der Vater schlief noch, verschwanden die Kinder in die Schule. Céline konnte sich kaum konzentrieren. Sie saß zum Glück fast zuhinterst und ihr Banknachbar ließ sie in Ruhe. Er spürte, dass es einer dieser Tage war, an denen man sie nicht ansprechen durfte. Als alle in der 10-Uhr-Pause im Schnee rumtobten, hatte sie sich so weit gefangen, dass sie mitmachte, wenn auch lustlos. Zu Hause würde die Stimmung auch für die weiteren Tage angespannt bleiben. Zum Mittagessen kehrte Céline nach Hause, ihre Mutter war am Wohnzimmertisch damit beschäftigt, im gelben Postbüchlein die nötigen Familienzahlungen einzutragen. Die Augen der Mutter waren noch gerötet. Das Geld, das der Vater ins Bordell gebracht hatte oder im Wirtshaus vertrank, fehlte an allen Ecken und Enden. Die Kinder konnten nicht helfen, nur trösten oder mitleiden. Céline verzog sich nach oben ins Zimmer. Dass es geschneit hatte, interessierte sie nicht mehr. Sie holte irgendein Buch hervor, das Lesen brachte ihre Gedanken weg von der Realität in eine andere Welt. Am darauffolgenden Samstag musste die Familie einträchtig in die Kirche und die Kinder liefen gehorsam mit. Wer sich auflehnte, dem drohten Schläge, und die wollte keiner.

Der Zuhälter

Céline saß zu Hause, die Kinder waren in der Schule, sie selbst hatte unterrichtsfrei. Sie studierte die Annoncen. Angelica hatte recht. Die ewigen Wartezeiten im Club ohne Kunden nervten. Es war verlorene Zeit, in der sie nichts verdiente und noch dazu um den Schlaf gebracht wurde. Sie scrollte durch die Online-Inserate, die Escortdamen suchten. Selbst inserieren und Kunden suchen, konnte sie nicht. Würde sie anhand der Online-Bilder erkannt und gäbe es eine Meldung an die Schulpflege, also die Schulaufsicht, könnte sie mit größter Wahrscheinlichkeit nicht mehr unterrichten. Wer würde seine Kinder zu einer Lehrerin in die Schule schicken, die einen schlechten Einfluss auf die Söhne und Töchter haben könnte? Zugeben würde man oder frau es nicht, aber insgeheim dachten viele Eltern an etwas Negatives, Verruchtes, an eine Frau, die nicht in der Lage war, gut zu unterrichten, wenn sie in diesem Metier arbeitete. Céline konnte ihnen nicht einmal einen Vorwurf machen. Was hätte sie getan, wenn ihre Kinder zu einer Prostituierten in den Unterricht gegangen wären? Hätte sie nicht auch Vorurteile gehabt? Sie hätte als Erstes an die Hygiene gedacht bei einer Frau aus diesem Metier. Obwohl sie aus Erfahrung wusste, dass gerade Frauen in dem Gewerbe extrem auf die Hygiene achteten. Sie selbst hatte den Zwang, ständig die Hände zu waschen, nach jedem Händeschütteln, nach dem Anfassen der Stangen im öffentlichen Verkehr. Sie achtete darauf, dass die Türlinken immer gereinigt wurden oder die Kästchengriffe. Die Bettlaken ihres eigenen Bettes mussten wöchentlich mindestens einmal gewechselt werden. Und es fiel ihr auch auf, wie viele Frauen sich nach dem Toilettengang die Hände nicht wuschen. Erst letzthin sah sie, wie ihre Schulleiterin nach dem Aufsuchen des stillen Örtchens, ohne die Hände zu waschen, wieder ins Teamzimmer kam. Für Céline ging das gar nicht. Sie schwieg, obwohl sie am liebsten gefragt hätte, ob sie nach dem Toilettengang nie die

Hände wasche. Bei einer Bewerbung musste jede Lehrperson nebst dem Strafregisterauszug noch einen Sonderstrafregisterauszug einreichen, jedoch keinen „Ausweis" über das hygienische Verhalten vorweisen. Er oder sie musste beweisen, dass keine Pädophilie vorlag, kein spezielles Interesse an Kindern. Den angehenden männlichen Lehrpersonen wurde in der Ausbildung sogar empfohlen, keine Kinder auf ihrem Schoß sitzen zu lassen, auch wenn diese, vor allem in der Unterstufe, die Nähe suchten. Es wurde ihnen auch erklärt, dass Männer, egal ob Schwimm-, Turn- oder Klassenlehrer, in der Knabenumziehgarderobe nichts zu suchen hatten. Es führte zu Beschwerden seitens der Eltern und Schüler, wenn sich die Lehrer gleichzeitig mit den Schülern in der Garderobe umzogen oder dort auftauchten. Männer standen per se unter Verdacht, Straftäter zu sein, sprich pädophil. Frauen hatten dieses Problem weniger. Céline dachte an die Marathon- oder Triathlonumkleideorte. Da zogen sich Frauen und Männer öffentlich um, da waren so viele einfach nackt oder am Kleiderwechseln und keinen störte es. Keiner dachte daran, dass da jemand anwesend war, der sich an all dieser Nacktheit aufgeilen könnte oder sogar Bilder davon machen würde. Jede und jeder war zu sehr mit sich und dem Kleiderwechseln beschäftigt, keiner achtete stark auf die Umgebung.

Céline musste nun, um selbstständig zu werden, erst mal eine Möglichkeit finden, in den Escortservice zu wechseln. Oder sie musste privat versuchen, sich einen eigenen Kundenstamm zu generieren. Die Frage aber war, wie sie das machen sollte. Die Männer waren ja nicht einfach angeschrieben und ohne Annoncen oder ein fixes Lokal würde es schwierig werden. Dazu bräuchte es Bilder. Wer buchte schon gerne eine Frau, ohne zu wissen, wie sie aussah? Céline würde nie einwilligen, sich auswärts fotografieren zu lassen und online zu stellen, außer sie würde vorher gefragt und es keine kompromittierenden Bilder wären, die Rückschlüsse auf ihre zweite Tätigkeit zuließen. Ließe sie sich von einem Escortservice anstellen, müsste sie die Gewissheit haben, dass die Bilder geschützt und nur intern verwendet würden. Sie scrollte weiter durch die Angebote. In mehreren Inseraten suchten sie Frauen, die selbstständig arbeiten wollten und über einen CH-, C- oder B-Ausweis verfügten oder aus EU-Ländern stammten. Die Inhaber der Clubs versprachen eine Topführung, ein Arbeitsambiente wie im Urlaub und einen ausgezeichneten Verdienst. Sie stieß dann auf ein kurz gehaltenes Inserat. Es handelte sich um einen Escortservice, der ein lukratives Einkommen und gehobene Kundschaft versprach. Der Arbeitgeber vermittelte Kunden und als Provision verlangte er 10 Prozent, die Vermittlungsgebühr sozusagen. Im ersten Moment klang das nach viel Provision, aber je nach Auftrag und Verdienst wären 10 Prozent nicht so hoch. Die Treffen mit den Kunden würden in Hotelzimmern stattfinden. Doch, um herauszufinden, ob es sich tatsächlich lohnen würde, musste sie es erst mal ausprobieren. Deshalb begann Céline gewissenhaft die Annoncen zu studieren. Endlich fand sie eine geeignete Annonce.

Céline schrieb den Inserenten einer Escortfirma an. Insgeheim taufte sie ihn „den Zuhälter". Er rief sie auf ihrem Zweithandy an und fragte sie nach ihrer Erfahrung. Dann vereinbarten sie ein Treffen in einem Hotel. Als sie im Hotel eintraf, war sie nervös. Sie war gespannt auf ihn. Sie war zu früh und wartete in der Lobby. Da trat er fünf Minuten später ein.

Leider konnte sie nicht erkennen, mit welchem Auto er gekommen war. Er sah aus wie aus einem Bilderbuch für Zuhälter. Mit einem schwarzen Hemd, schwarzen Hosen und Lackschuhen gekleidet, trug er seine Haare glattfrisiert nach hinten. Die Haare waren pechschwarz und Haargel hielt sie in Form. Um den Hals hatte er eine Goldkette hängen, die Knöpfe des Hemdes waren geöffnet. Céline schluckte dreimal leer. Er sah arrogant aus. Sein Gesicht hatte ein eindrückliches Profil: Mit einer langen Nase, blendend weißen Zähnen und der leicht gebräunten Haut, die nicht aus dem Solarium stammte, wusste er um sein gutes Aussehen. Jetzt hatte Céline richtig Hemmungen.

Was genau würde er von ihr wissen wollen? Worin bestand sein Auswahlverfahren? Welche Frauen stellte er ein? Welche lehnte er ab? War sie ihm nicht zu dünn? Eventuell zu wenig

Busen? Und die Exotik könnte auch fehlen? Und dann noch ihre Sommersprossen überall! Sie gingen nach oben in das reservierte Hotelzimmer. Wenigstens war sein Parfum unaufdringlich, es roch direkt angenehm, als sie im Lift hochfuhren. Da sie fast die gleiche Größe hatten – er war nur wenige Zentimeter größer – waren sie sozusagen auf Augenhöhe. Oben im Zimmer angekommen, bat er sie, sich auszuziehen. Sie zog sich vor seinen Augen aus, während er auf dem Hotelbett saß. Erst schlüpfte sie aus den Jeans, dann zog sie das T-Shirt hoch, öffnete den BH und zum Schluss den String. Splitternackt stand sie jetzt vor ihm. Es war kalt und die Brustwarzen wurden steif. Sie fühlte sich richtig unwohl, kam sich vor wie eine Kuh auf der Viehschau. Er betrachtete sie von oben bis unten. „Ja, du bist trainiert und hast lange Beine, das kommt bei den Kunden gut an." Wohlwollend musterte er sie weiter. „Dreh dich noch um bitte." Sie drehte sich um, dasselbe noch einmal von hinten. Sie hörte, dass er aufstand und an seiner Hose herummachte. Als sie sich endlich wieder umdrehen durfte, sah sie, dass er sich in der Zwischenzeit seiner Hose und der Unterhose entledigt hatte. Das Hemd hatte er angelassen. Er stand jetzt vor dem Bett und noch immer starrte er sie an. Er hatte eine Erektion. Sie schwieg. Er bat sie, dass sie ihn mit dem Mund befriedigte. Er zog ein Kondom aus seiner Jeans, riss die Verpackung auf und zog es schnell und geübt über seinen Penis. Céline ging auf die Knie und begann ihm einen zu blasen, kurz bevor er kam, wechselte sie vom Mund zur Hand. Er griff in ihre Haare, stöhnte und kam zum Orgasmus. Das Ganze dauerte nicht mehr als ein paar Minuten. Befriedigt entfernte er das volle Kondom wieder und ging ins Bad. „Ich gehe duschen, wir sind aber noch nicht fertig", meinte er. Er war jetzt ganz nackt, als er wieder in das Zimmer zurückkam und das Frotteetuch achtlos auf den Schlafzimmerboden warf. Er wollte, dass sie ihn hinten leckte.

„Du weißt nicht, was sich die Kunden alles wünschen", sagte er und fuhr weiter: „Viele verlangen von dir all das, was sie zu Hause nicht bekommen. Dazu gehört unter anderem auch, den

Anus zu lecken." Was sollte das jetzt? Langsam war Céline genervt. Wollte der jetzt einfach gratis auf seine Kosten kommen?

Sie sah, dass er geduscht hatte, aber sie hatte trotzdem keine Lust, ihn hinten zu lecken. „Muss das jetzt wirklich sein", sagte sie und schaute ihn ablehnend an. „Glaub mir, manchmal ist mir mein Job auch verleidet", sagte er, „du kannst dir gar nicht vorstellen, was für bizarre Wünsche die Kunden der gehobenen Schicht haben. Ich muss einfach sichergehen, dass du mir dann nicht abspringst." „Ich bin ja nicht neu in der Branche", sagte sie, „aber bevor ich dich jetzt noch lecke, hätte ich gerne, dass das Ganze sicher gereinigt ist. Außerdem habe ich noch eine Verabredung und möchte nicht zu spät kommen."

Sie war nicht verabredet, aber sie hatte einfach keine Lust, noch weiterzumachen, bevor sie nicht wusste, was er alles noch verlangen würde, ohne ihr einen sicheren Job zu garantieren. Sie wusste selbst, dass viele Männer geschlagen werden wollten oder erst „kamen", wenn man sie demütigte oder auf den Knien herumkriechen ließ. Sie wusste, dass viele den Analverkehr ausprobieren wollten und darauf standen, von hinten genommen zu werden. Aber da musste erst eine Analdusche her und sie musste sichergehen, dass alles gereinigt war. Sie verzichtete auf das Lecken. Erst sollte er mal erzählen, was für Kunden er hatte und wie viel sie im Schnitt verdienen konnte. Sie ging retour in die Dusche und zog sich wieder an. Als sie herauskam, war er auch bereits angezogen. Sie war erst unsicher, ob er sie einfach so aus dem Zimmer gehen lassen würde. Er war zwar etwas größer als sie, aber sie war kräftig und sie konnte sich im Notfall wehren. Einzig, dass sie nicht wusste, mit wem er gekommen war. Mit ihm alleine würde sie fertig werden, warteten aber noch zwei unten, hätte sie ein Problem.

Unterdessen erzählte er ihr weiter von dem großen Kundenstamm, über den er verfügte. Sie könne sicher sein, dass sie an den Wochenenden ein bis zwei Aufträge erhalten würde. Die gegenseitigen Handynummern hätten sie ja bereits schon. Céline würde wieder von ihm hören, war sich aber nicht sicher, ob das Ganze seriös war und wie sie nach einem Auftrag zu ihrem Geld kommen würde. Das war schließlich auch noch nicht genau geklärt. Er würde sie nach dem erfüllten Auftrag ausbezahlen, hatte er vage erklärt. Aber ob das dann klappen würde? Betreiben konnte sie ihn ja schlecht. Sie hatte nur eine Handynummer und einen Namen, der sicher falsch war.

Sie war jetzt bereits bei der Zimmertür, die zum Glück nicht abgeschlossen war. Sie drückte die Türklinke runter und verließ den Raum, ohne sich zu verabschieden. In großen Schritten lief sie den Korridor entlang zum Lift und drückte auf den Knopf. Als sich die Lifttür öffnete, stieg sie erleichtert ein und fuhr nach unten. An der Lobby saß gerade keiner und es war auch sonst leer. Vom Central bis zum Hauptbahnhof zu laufen, lüftete den Kopf. Die ganze Aktion war umsonst gewesen. Es sah nach einem ziemlichen Reinfall aus.

Sie kaufte noch schnell im Migros HB ein, um den Kindern ein gutes Abendessen auf den Tisch stellen zu können.

Das lange Schweigen

Die Stimmung war auf dem Nullpunkt. Der Vater saß in der Küche, ein eiserner Ausdruck im Gesicht, schlecht geschlafen, zu lange unterwegs, Geld verloren ... der Streit vom Vorabend ... es konnte alles sein. Am besten verzog man sich gleich wieder. Ein falsches Wort und ein Gewitter fiel über einen her. Ein Jähzornsausbruch, Geschimpfe und Genörgel ... Jedes der Kinder kannte diese Launen, keines war gewillt, den Raum mit dem Vater zu teilen. Niemand wollte frühstücken. Wieder einer dieser Morgen, der einem auf den Magen schlug, der einem den ganzen Tag vermieste, der Aussicht gab auf die nächsten Tage und Wochen, die sich nicht bessern würden.

Darüber reden konnte man nicht, durfte man nicht. Mit wem sollte man schon darüber reden? Céline grüßte kurz, packte die Schultasche und verschwand aus dem Haus. Sie wusste, dass ihre Mutter im Wohnzimmer auf dem Sofa lag, sich ausruhte nach dem Zeitungsaustragen. Sie stand jeden Morgen um fünf Uhr auf, um Zeitungen auszutragen, abends ging sie Büros putzen. Das Geld reichte nicht aus mit den vielen Kindern und einem Ehemann, der das Geld ins Bordell brachte. Eine andere Arbeit konnte die Mutter nicht annehmen, ohne dass der Haushalt oder die Wünsche des Ehemannes darunter litten. Dreimal täglich mussten die Mahlzeiten auf dem Tisch stehen. Zweimal davon waren es warme Mahlzeiten.

Céline hatte Mitleid mit ihrer Mutter, die diese Launen ertragen musste. Aber diese ließ sich nicht helfen, beharrte darauf, dass es ihr Los sei, diesen Mann zu ertragen, dass sie vor Gott verheiratet seien und dass erst der Tod sie scheiden könne. Die Mutter war gefangen in ihrer religiösen Kultur und die Kinder konnten nur versuchen, ihr das Leben erträglicher zu machen. Céline liebte ihre Mutter, verstehen aber konnte sie sie schon lange nicht mehr. Wieso musste man leiden, wenn eine Scheidung Befreiung bringen würde? Wieso dieses Zusammenleben, in dem beide den Respekt voreinander schon längst verloren hatten? Der gegenseitige Hass war spürbar, das eisige Schweigen über Tage hinweg war unerträglich und niemand fühlte sich wohl und geborgen. Ein Schweigen, welches das lodernde Feuer unter der Oberfläche verdeckte. Wie ein Dampfkochtopf, der kurz vor der Explosion stand. Keines der Kinder kam während der sogenannten Kriegszeiten mit Sorgen oder Schulproblemen zu den Eltern, sie lösten sie untereinander. Céline hatte mit ihrer älteren Schwester ein Gutenacht-Ritual. Sie schliefen zu dritt in einem Zimmer. Sie war die Jüngste der drei Schwestern im Zimmer, zwei noch jüngere Schwestern teilten sich im unteren Stock ein Zimmer, in der Nähe des Elternschlafzimmers. Auf dem oberen Stock war nur noch der Bruder, der als einziger Sohn der Familie ein eigenes Schlafzimmer hatte. Er war der erwünschte Stammhalter.

Céline und Ilenia drückten sich vor dem Einschlafen immer die Hand, Céline schlief oben, Ilenia unten in einem Etagenbett. Tagsüber wurde das untere Bett aus Platzgründen reingeschoben, als Stauraum gab es zwei Schubladen in der Mitte. Als sie dann nach dem Auszug von zu Hause ihr erstes eigenes Zimmer hatte, als sie das Badezimmer nicht mehr mit den anderen teilen musste, war das für sie eine große Befreiung. Die Mädchen standen frühmorgens zu zweit oder zu dritt im Bad. Der Vater konnte das Bad eine halbe Stunde lang blockieren mit Lektüre und anderem. Der Bruder ebenso. Nur die Mädchen mussten gemeinsam rein. Es war der tägliche Streitpunkt, wer länger vor dem Spiegel stehen und wer als Erste eine noch jungfräuliche Dusche benutzen durfte.

Ein Leben lang achtete Céline darauf, als Erste in der Dusche zu stehen. Sie hasste es, wenn die Dusche bereits nass war, der Duschteppich feucht und der Vorhang nicht abgespült. Auch wenn das hieß, in den wechselnden WGs frühmorgens um fünf Uhr aufzustehen. Sie würde in Zukunft immer die Erste im Bad sein, egal um welche Uhrzeit sie ins Bett gegangen war. Die

Schule wurde für Céline neben der Natur ein Ort der Befreiung und der Erholung.

Bei den gemeinsamen Familienessen wurde nicht gesprochen, der Vater hatte wegen seiner nächtlichen Ausflüge sehr oft Kopfschmerzen und zu wenig geschlafen. Er ertrug es nicht, wenn die Kinder sprachen und so war es totenstill am Tisch. Es musste sitzen geblieben werden, bis er sein Weinglas ausgetrunken hatte. Ob sonntags oder werktags: immer derselbe Ablauf. Die Mutter servierte das Essen, eine Schwester half, dann folgte das Tischgebet, schweigsam wie in einem Kloster wurde gegessen. Dann räumten die Mädchen das Geschirr weg, und wenn auch der Vater fertig war, durften die Kinder den Tisch verlassen. Es war unerträglich, dieses Sitzen, dieses Schweigen, dieses Warten. Unerträglich, auf ein ausgetrunkenes Weinglas zu warten. Sobald Céline in der Oberstufe war, konnte sie während der Woche diese Familienessen umgehen und musste nur noch am Sonntag mit den anderen essen. Sie ließ das Frühstück ganz weg und abends lebte sie oft aus dem Kühlschrank oder behauptete, sie hätte schon gegessen. Das Leben wurde erträglicher, die gemeinsamen Zeiten beschränkten sich auf die Samstage, in denen sie auswärts lernte und abends in die Kirche ging, wenn sie keine Lust hatte, am Sonntag um halb zehn Uhr in die Messe zu gehen.

Der Vater schickte alle Kinder jeden Sonntag in die Messe. Sie mussten in Reih und Glied in die Kirche gehen, die Eltern voraus, dahinter die Kinder. Gefragt wurde keines, ob es das wollte. Jede Woche derselbe Zwang, während der Weihnachtszeit mussten sie mittwochs vor der Schule noch in die Rorate-Andacht und Ostern war das größte Kirchenfest. Einmal im Jahr oder öfters gingen die Kinder beichten. Céline wusste nicht, was sie dem Vikar oder dem Pfarrer erzählen sollte. Sie saßen sich gegenüber in dem engen Raum, an einem kleinen Tischen. Sie war jedes Mal froh, wenn es vorbei war, und kam sich sündig vor, auch wenn sie keine Sünden begangen hatte. Um dem unangenehmen Schweigen und den seltsamen Fragen auszuweichen, erfand sie jedes Mal irgendetwas. Ob wohl der Vater beim Beichten von seinen gewalttätigen Übergriffen erzählte? Sie glaubte es nicht. Er war beliebt in der Kirche als gut gelaunter Familienvater, immer zu Späßen aufgelegt und stets hilfsbereit. Auch die Nachbarn, vor allem die Nachbarinnen, schätzten seine leutselige Art, nur zu Hause war er ein Tyrann, fielen die bösen Worte, führte er ein Regime der Angst. Was für eine Heuchelei! Ein Vorspielen einer heilen Familienwelt, die keine war! In der Kirche der Gutmensch, zu Hause der Teufel. Samstags im Bordell, am Sonntag in die Kirche. Beruhigte die Beichte sein Gewissen? War es wirklich eine Krankheit, wie die Mutter meinte? Ein kranker Vater, der geheilt werden musste? Immer wieder betonte die Mutter viel später, dass der Vater krank sei, dass sie ihn heilen müsse und dass er nichts dafür könne. Gab eine Krankheit die Berechtigung, andere zu schlagen, sie fertigzumachen und sie in Angst und Schrecken leben zu lassen? Nach jedem Kirchgang hatte er wieder von vorne begonnen, seine Frau zu betrügen, seine Familie zu bedrohen und in Armut leben zu lassen. Wo war denn dieser liebe Gott, der zuschaute und keine Veränderung brachte? Als Kind und Jugendliche nachzuvollziehen, wieso die Eltern in der Kirche ein perfektes Familienleben vorgaukelten, das so nicht existierte, war für Céline unmöglich. Der Schein konnte nur gewahrt werden, indem beide den Kindern verboten, darüber zu sprechen, was zu Hause ablief. Die Kinder hielten sich daran, um ihre Eltern zu schützen. Sie hielten sich daran aus Angst vor Sanktionen und Liebesentzug.

Das Erste, was Céline machte, als sie mit achtzehn Jahren auszog, war aus der Kirche auszutreten und dies ihren Eltern unter die Nase zu reiben. Sie wusste, dass das für beide Elternteile ein großer Schock war. Beide gottesfürchtig und streng katholisch, wollten sie mit dieser abtrünnigen Tochter nichts mehr zu tun haben, einer Tochter, die fortan in einer gottlosen Welt leben wollte. Die sich an keine Regeln mehr hielt und begann, sich die Nacht um die Ohren zu schlagen und in Tanzlokale zu gehen. Die knappe Röcke trug und sich mit ihren Mitstudierenden traf, egal ob männlich oder weiblich. Es gab zu Hause einen Riesenstreit, vor allem ihr Vater flippte aus und meinte, sie brauche nicht mehr nach Hause kommen, ihre Mutter bestärkte ihn dabei. Er schrie Céline an: „Du kannst als Frau die Beine breitmachen oder als Serviererin arbeiten. Du brauchst sowieso keine Ausbildung! Das Gymnasium ist dir wohl zu Kopfe gestiegen! In mein Haus kommst du nicht mehr!" Er war am Essen, die Essensstücke fielen ihm aus dem Mund, als er sich in ihre Richtung bewegte. Céline schrie zurück: „Du hast mir schon lange nichts mehr zu sagen! Wenn du mich noch einmal anfasst, haue ich dir eine runter und dann hole ich die Polizei! Ich bin froh, von hier wegzukönnen!"

Die Mutter stand auf der Seite und schwieg. Die Stimmung war geladen. Der Vater spürte, dass es ihr ernst war. Hätte er sie angefasst, sie hätte ihm irgendetwas über den Kopf gezogen, hätte sich gewehrt, ihm ebenso eine reingehauen, egal ob er stärker gewesen wäre oder nicht. Er rannte aus der Küche und raus aus dem Haus. Die Mutter sagte: „Du gehst dich bei ihm entschuldigen."

„Hast du Angst, dass er später auf dich losgeht? Spinnst du? Ich werde mich nicht entschuldigen!" Céline starrte sie wutentbrannt an. Von oben hörte sie plötzlich Nadine rufen: „Bei diesem Arschloch muss sie sich nicht entschuldigen!" Die Schwester hatte den Streit mitgehört und hielt zu ihr.

Céline packte ihre Tasche, sie hatte sich ein Zimmer in Zürich oberhalb einer Bäckerei gemietet. Sie verdiente neben dem Gymnasium ihr eigenes Geld und konnte sich ohne die Hilfe ihrer Eltern durchbringen. Einzig leid taten ihr nur die Schwestern, die weiter mit diesem Irren leben mussten. Sie hatte das Gefühl, sie ließe die Schwestern im Stich, alleine mit einem Menschen, der nicht berechenbar war mit einer Gewalt, die ohne Vorwarnung ausbrechen konnte. Aber sie konnte nicht anders. Sie musste raus aus diesem Haus.

Endlich befreit von den Ketten eines Elternhauses, das nur Unglück und schlechte Laune verbreitete. Rein in die Freiheit und das Leben.

Der Hündeler

Nach dem Rückschlag mit dem Escorttypen versuchte es Céline mit Annoncen der Männer, die schnellen Sex oder Begleitung suchten. Falls auch das nicht klappen würde, lief ja noch immer das langweilige Clubleben. Ein Mittsechziger namens Hans suchte eine Frau für sinnliche Stunden. Eigentlich wollte er nichts, außer wieder mal eine Frau lecken. Der Sex mit der Ehefrau war gemäß ihm eingeschlafen und die körperliche Nähe fehlte ihm. Er war ganz offen, als er sagte, dass er keinen Geschlechtsverkehr wolle, da er mittlerweile Mühe habe zu kommen. Sie einigten sich auf ein erstes Treffen, um sich kennenzulernen und zu sehen, ob es passte. Er war bereit, zweihundert Franken zu bezahlen, wenn er sie mit Lecken zum Höhepunkt bringen durfte. Er hatte für das Treffen den Bahnhof von Grüningen vorgeschlagen, da er im Zürcher Oberland lebte, aber eine Ortschaft ausgewählt hatte, die nicht zu nahe an seinem Wohnort war und wo keine Gefahr drohte, dass er Bekannte traf. Vor Ort könnten sie sich dann über seine Wünsche und den Preis einigen. Es war Sommer und heiß draußen.

Céline trug ein leichtes, trägerloses Sommerkleid, die Füße steckten in Ledersandalen, die Haare waren hochgesteckt. Auf dem Parkplatz neben dem Bahnhof war nicht viel los, viele waren an einem Gewässer und irgendwo im Schatten. Ein dunkelbrauner Mercedes-Van, mit getönten Scheiben hinten, näherte sich dem Parkplatz. Sie wartete, bis er ausgestiegen war, dann ging sie langsam auf ihn zu. Braun gebrannt, die Haare kurz geschnitten, elegant in einer Stoffhose und einem kurzärmeligen Poloshirt gekleidet, ging er langsam auf sie zu und musterte sie. Es schien ihm zu gefallen, was er sah. Er gehörte zur Kategorie wohlhabend, seine Freizeit auf dem Golfplatz oder in Krafttrainingszentren verbringend. Ferien verbrachte er sicher mit Freunden in Südafrika zum Golfen und anderes. Mit der Frau ging er auf Kreuzfahrt- oder All-inclusive-Ferien und das nur in 4- oder 5-Sterne-Hotels. Er stellte sich mit „Hans" vor. Hans fragte sie, ob sie schon heute Lust habe auf das Lecken, er hätte das Geld mitgenommen, da er das Gefühl hatte, dass es passen könne zwischen ihnen. Sie war nicht dagegen, lange konnte es ja nicht dauern. Er hielt ihr die Beifahrertür auf und sie stieg ins Auto. Er sah nicht aus wie ein Perversling und sie hoffte, dass ihr Bauchgefühl sie nicht trog. Sie fuhren in Richtung eines Waldstückes und er parkte den Van an einem einsamen Waldweg. Er öffnete die Hintertür und klappte die Rücksitze runter. Dann legte er eine Wolldecke darüber. Erst als sie sich hinten drauflegen wollte, sah sie die vielen Hundehaare und es ekelte sie. Er hatte nicht einmal daran gedacht, eine saubere Decke mitzunehmen. Sie legte ihre Tasche auf den Beifahrersitz. Im ersten Moment hätte sie das Ganze am liebsten abgeblasen, aber sie konnte das Geld gebrauchen. Er war bereits hinter ihr und begann abwechslungsweise ihren Hintern und den Busen zu betasten. Sein Gürtel hatte er bereits geöffnet und den Knopf seiner Hose ebenso, obwohl er ja angeblich keinen Geschlechtsverkehr wünschte. Wofür das, fragte sie sich. „Nur Lecken, richtig?" Sie schob seine Hände weg und drehte sich zu ihm um. Hans hatte erstaunlich kräftige, schmale Hände mit unübersehbaren Altersflecken, auch die Haut am Hals war runzlig. „Ja klar, ich fühle mich einfach wohler so", besänftigte er sie und lächelte sie beruhigend an. Im Notfall hatte sie ein Taschenmesser und einen Pfefferspray in der Handtasche, die jetzt vorne stand. Zudem hatte sie ihn im Blick. Sie nahm sich vor, das Ganze so kurz wie möglich zu halten, und hoffte, dass er wirklich so gut war im Lecken, wie er vorgab, ansonsten würde sie den Orgasmus einfach vortäuschen. Unauffällig schob sie die Decke zur Seite, legte sich auf die Rückbank und schob ihr Höschen über die nackten Beine.

Etwas ungelenk kletterte er ihr hinterher und begann ihre Klitoris zu lecken. Der Anblick seiner faltigen Haut am Hals, die in der Nähe trotz oder gerade wegen der Bräune gut sichtbar war, turnte sie ab. Sie hatte nicht vor, länger als nötig in der

Nähe dieser Decke und all der Hundehaare zu liegen. Erstaunlicherweise entpuppte er sich tatsächlich als geübter Lecker und brachte sie mit der Zunge zum Höhepunkt. Bezahlt hatte er sie schon im Voraus. Sie war richtig erleichtert, als sie sich wieder anziehen konnte, länger als 10 Minuten hatte es nicht gedauert. Sie wollte einfach nur weg von diesen unangenehmen Gerüchen und all den Hundehaaren. Endlich saß sie wieder auf dem Beifahrersitz. Ein weiteres Mal würde sie ihn nur noch in einem Hotelzimmer treffen, wenn überhaupt. Er brachte sie zurück zum Bahnhof, wo sie sich zum Abschied kurz die Hand drückten, dann war er weg. Sie untersuchte ihr Kleid auf Hundehaare, sprühte sich für die Zugfahrt mit ein wenig Parfum und Deo ein und hoffte, dieser feuchte Hundegeruch hätte sich nirgends eingenistet. Zu Hause duschte sie sich gründlich ab, auch die Haare und alles mit viel Seife. Die Kleider wanderten in die Wäsche. Eine Wiederholung gab es nicht. Sie fühlte sich trotzdem missbraucht und schmutzig und bereute es, nicht abgesagt oder mindestens mehr verlangt zu haben. Dann war sogar das unbezahlte Warten im Roten Stern besser ...

Der Kirchgänger und die Frau im Rollstuhl

Endlich frei! Das kleine Zimmer, das Céline gemietet hatte, befand sich im obersten Stock eines Mehrfamilienhauses im Morgental. Zuunterst befand sich die Bäckerei Kägi. Das Ehepaar Kägi betrieb die Bäckerei zusammen mit einer Angestellten. Oben vermieteten sie noch Zimmer, ausschließlich an junge Damen. Herr Kägi, der Bäckereibetreiber, hatte sie auf ihre Anfrage darauf hingewiesen, dass Herrenbesuche unerwünscht waren. Er habe gerne ehrbare, junge, saubere Damen in seinen Zimmern. Er wies sie darauf hin, dass es einmal im Monat eine Ordnungskontrolle gäbe. Der Mietpreis war 450 Franken pro Monat inklusive Nebenkosten. Diesen Preis konnte sich Céline mit Wochenendarbeit und Servieren neben dem Gymnasium gerade noch leisten. In einem Jahr würde sie durch die Maturaprüfungen kommen müssen, aber bis dahin war es noch eine Weile. Das Ehepaar Kägi, die Frau war im Rollstuhl, kannte sie aus der katholischen Kirche. Jeden Sonntagmorgen fuhr Herr Kägi seine Frau im Rollstuhl in die Kirche. Sie belegten immer die gleiche Bankreihe. Beide waren sorgfältig zurechtgemacht. Herr Kägi kümmerte sich rührend um seine Partnerin. Céline hatte keine Zeit, lange zu suchen, und als sie hörte, dass das Ehepaar Zimmer vermietete, erkundigte sie sich nach einem freien. Sie unterschrieb den Vertrag und konnte noch Anfang des kommenden Monats einziehen. Die ersten Tage alleine in einem Zimmer waren hart. Sie vermisste ihre Schwestern und ab und zu schaute sie in ihrem Elternhaus vorbei. Aber nur wenn sie wusste, dass ihr Vater nicht zu Hause war. Sie vermisste das nächtliche Ritual mit ihrer Schwester, die abendlichen Gespräche vor dem Einschlafen. Beschäftigt mit den Hausaufgaben des Gymnasiums und den Servierschichten, lebte sie sich ein. In den ersten zwei Wochen begegnete sie Herrn Kägi nur ab und zu kurz im Treppenhaus oder zufällig im Lift. Eines Abends, sie kehrte gerade von ihrer Schicht im Café Prisma zurück, fuhr sie todmüde nach oben, öffnete die Zimmertür mit ihrem Schlüssel und betrat das Zimmer. Der Raum bestand nur aus einem Wandschrank und einem gegenüberliegenden Bett. Céline erschrak. Auf ihrem Bett saß Herr Kägi und hatte sie offensichtlich erwartet. „Was machen Sie denn hier?", fragte sie ihn etwas unfreundlich und starrte ihn perplex an. Sie war müde, wollte nur noch schlafen gehen und musste morgen früh wieder raus, um ins Gymnasium Freudenberg zu fahren. Herr Kägi lächelte sie an und klopfte sie neben sich auf das Bett. „Setzen Sie sich doch zu mir! Ich wollte nur mal sehen, wie Sie sich eingelebt haben und ob Ihr Zimmer aufgeräumt ist." Céline blieb stehen, wo sie war. Nicht schon wieder so einer! Sie stand regungslos in der geöffneten Tür. In noch bester Erinnerung war ihr das Skilager in der Lenzerheide im Ferienhaus in Valbella.

Zusammen mit der Blauring -und Jungwachtgruppe hatte sie mit knapp 12 Jahren in den Zürcher Sportferien daran teilgenommen. Das Lager war über die katholische Kirche organisiert und teils finanziert. Céline besuchte bereits das erste Jahr des Gymnasiums. Ins Lager begleitet wurde sie von ihrer jüngeren Schwester und vielen anderen jugendlichen Teilnehmenden. Als Erwachsene waren Albert, der katholische Jugendgruppenleiter, und Maria, dessen Frau, dabei. Albert war ein knapp dreißigjähriger Mann, der mit seinem Charme vor allem bei den weiblichen Teilnehmerinnen landen wollte. Im Lager schaffte er es irgendwie immer, dass er mit Céline alleine war. Im Sessellift bei Ausflügen oder in der Küche. Während einer abendlichen Schneeballschlacht blieb er länger auf ihr liegen als nötig und sie spürte, wie er „hart" wurde unter dem Trainer. Nach einem Langlaufnachmittag duschten die Jugendlichen in den Baderäumen. Céline war etwas langsam, da sie es kaum aus ihren engen Hosen schaffte. Sie duschte und wollte sich wieder anziehen. Die anderen waren weg und sie stand nur noch mit einer Unterhose bekleidet neben der Bank, als plötzlich Albert hinter ihr stand. Er musste gewartet haben, bis alle weg waren und lautlos reingekommen sein. Total überrascht erstarrte sie und ließ das Nachfolgende einfach schweigend über sich ergehen. Albert zog ihr die Unterhose aus, dann betastete er ihre Vagina. Er zog sich seine Hose und Unterhose aus. Mit einer Hand rubbelte er an seinem Penis, mit der anderen Hand stieß er seine Finger in Célines Vagina. „Du wirst ja schon richtig feucht", flüsterte er keuchend. Céline schmerzten die Bewegungen seiner Hand und sie starrte an die gegenüberliegende Wand, um nicht auf seinen Körper schauen zu müssen. Endlich kam er zum Höhepunkt. Während der ganzen Handlung sprach er beruhigend auf sie ein und flüsterte, dass ihn seine Frau schon lange nicht mehr sexuell befriedigen könne. Er erzählte „währenddem" von seiner Bachblütentherapie und von anderem. Sie hielt wie in Kindheitsjahren die Luft an, mit Asthma ging das gut, und unbewusst trennte sich ihr Geist vom Körper. Als sie endlich aus der Garderobe rauskam, ging sie sofort rauf in die Mädchentoilette der Gruppenschlafräume. Tränen rollten über ihre Wangen. Es verging bis zu einer halben Stunde, bis sie sich wieder beruhigt hatte und die Toilette verlassen konnte. Mit wem sollte sie denn darüber reden? Warum schon wieder sie? Die verbleibenden Tage versuchte Céline so gut wie möglich immer in Begleitung der anderen Jugendlichen zu sein, um Albert nicht mehr alleine zu begegnen. Zurück blieb das schale Gefühl, selbst schuldig am Ganzen zu sein. Schuldig, das Ganze nicht verhindert oder sich gewehrt zu haben.

Und jetzt also der Bäckereiinhaber. Was wollte der um diese Uhrzeit in ihrem Zimmer?

„Könnten Sie bitte mein Zimmer verlassen?" Céline war nicht mehr das Mädchen vom Lager, nicht mehr das Mädchen, das schwieg, wenn es betatscht wurde. Mittlerweile würde sie nicht mehr zulassen, dass einer sie ungefragt in den Schritt oder an die Brust fasste. Zu oft hatte sie dies alles bereits im Bordell beobachtet. Die Stimmung im Zimmer gefror augenblicklich. Sie sah, dass sich die Miene von Herrn Kägi verdüsterte. Mit einer Abfuhr oder Gegenwehr hatte er nicht gerechnet. Er erhob sich vom Bett. Céline wich nach hinten in den Gang. „Sie scheinen müde zu sein." Mit einem eingefrorenen Lächeln sah Herr Kägi sie jetzt beruhigend an und fuhr fort: „Ich wollte mich wirklich nur nach Ihrem Wohlbefinden erkundigen und schauen, ob Ihr Zimmer ordentlich ist. Herrenbesuch hatten Sie anscheinend auch nicht. Sehr gut."

Er ging an ihr vorbei, wartete nicht einmal darauf, dass sie noch etwas sagte, und stieg die Treppe hinunter. Erleichtert trat Céline ins Zimmer, schloss die Tür und steckte den Schlüssel ins Schloss. Dann öffnete sie ihren Schrank. Es sah ordentlich aus drin, aber sie war sich sicher, dass er ihre Unterwäsche und ihre Büstenhalter angefasst hatte. Nach ein paar Tagen saß er abends wieder in ihrem Zimmer auf dem Bett. Er war mit seinem Zweitschlüssel reingekommen wie das erste Mal. Diesmal reagierte Céline aggressiver: „Wenn Sie noch einmal in meinem Zimmer sitzen, informiere ich Ihre Frau. Außerdem will ich den Rest der Miete zurück und Ende Monat bin ich hier weg!" Herr Kägi spürte ihre Entschlossenheit. Sie war mit Sicherheit nicht sein erstes Opfer, nur, dass sie sich diesmal nicht zum Opfer machen lassen würde. Am Ende des Monats, in der Zwischenzeit hatte sie bei einer Kollegin ein WG-Zimmer gefunden, war sie weg.

Der Bauer

Er leerte ein Guinness nach dem anderen, starrte ins Leere und mit unruhigen Händen kramte er das Geld aus dem Portemonnaie. Mit den abgetragenen Kleidern und den leicht fettigen Haaren wirkte er sehr unsicher. Dazu kam seine Nervosität. Er saß an der Bar und zählte sein Kleingeld mit zittrigen Händen. Dann stand er auf und verließ das Lokal. Er war nicht der Traum von einem Mann, den Frau unbedingt kennenlernen wollte, geschweige denn in der Nähe haben musste. Am nächsten Abend kam er wieder. Diesmal war er noch aufgeregter, er trug ein altmodisches, frisch gebügeltes Hemd, die Haare waren gewaschen und mit Scheitel. Sie waren zu viert, zielgerichtet steuerte er auf Céline zu. Sie setzte sich mit ihm in eine Nische, nicht gerade erfreut. Doch sie ließ sich nichts anmerken, denn professionell zu bleiben, auch wenn der Gast nicht ihren Vorstellungen entsprach, war oberstes Gebot, ansonsten blieb man nicht lange in diesem Gewerbe. Jürg würde sie nach dem dritten abgewiesenen Gast ins Gebet nehmen, denn es müsste triftigere Gründe für eine Abweisung geben als abgetragene Kleidung und schmuddeliges Aussehen. Sie versuchte, ihn möglichst lange in ein Gespräch zu verwickeln, bevor es hoch ins Zimmer ging. Er vertrug einiges an Alkohol, was Céline bereits am Vorabend schon bemerkt hatte. Die leicht gerötete Haut – obwohl kaum vierzig –, der glasige Blick, alles verriet den Trinker. Er wollte nach oben.

Sie stieg vor ihm die Treppe hoch und steuerte auf das Zimmer Nummer 9 zu, ganz hinten im Korridor. Kaum drinnen, hatte er seine Hände bereits auf ihrem Hintern, er konnte es kaum erwarten, ihr Kleid auszuziehen. Sie befürchtete, dass der Stoff reißen könnte, und schob es schnell über ihren Kopf. Dann öffnete er seine Hose und der Penis stand kerzengerade raus. Er machte sich nicht mal die Mühe, sich auszuziehen.

„Stopp, schön langsam", mahnte ihn Céline und wich aus. Geschickt öffnete sie die Chipstüte eines Kondoms, rollte es aus und stülpte es über seinen Penis. Nach einer halben Stunde war das Ganze vorbei. Er erzählte, dass er den elterlichen Hof führte und ihn mit seiner Mutter bewirtschaftete und bewohnte. Eigentlich hätte er gerne eine Freundin, aber keine Frau bleibe länger als eine Woche, das Landleben war hart: frühmorgens zu den Kühen raus, dann der ganze Schmutz und die Gerüche. Nicht viele Frauen waren gemacht für dieses Leben und von seinem kleinen Betrieb konnten sie mehr schlecht als recht leben. Dass er zusammen mit der Mutter wohnte, vereinfachte das Ganze auch nicht. Er erzählte, dass er Medikamente für Depressionen nehme. Irgendwie tat er *Michelle* leid mit diesem Welpenblick, dem traurigen Gesichtsausdruck und den rauen, ungehobelten Manieren.

Er war anders als die Männer in Anzügen, die, abgesehen von den manikürten Händen und Fußnägeln, sich zeitweise genauso ungehobelt verhielten, die nach erfolgtem Geschlechtsakt bezahlten und, ohne sich groß zu verabschieden, verschwanden oder ihr zu spüren gaben, dass sie nur eine Prostituierte war. Er hätte sie gerne privat getroffen, aber das war für sie nicht möglich.

Zu fest war sie verankert mit einem Freundeskreis, der nichts von ihrer anderen Tätigkeit wusste, einer Familie, die sie wahrscheinlich verurteilt hätte für das, was sie tat, und immer, wenn sie einen Menschen in ihr Leben nahm, hätte sie sicher sein müssen, dass bei einer Streiterei nicht der Vorwurf kam, dass sie sich verkaufte. Es traf sie schon, als ihre Mutter sie als Prostituierte bezeichnete und später ihr Vater schrie, dass sie zu viele Männer habe und nur ihre Beine breitmache.

Es ging niemanden etwas an, was sie machte, und sie wollte sich nicht immer wieder rechtfertigen für das, was sie tat. Gerettet werden wollte sie auch nicht. Nur unabhängig leben. Wie viele Paare lebten in einer Beziehung, die längst keine mehr war, wegen der Finanzen, wegen der Einbußen, wenn das Einkommen geteilt werden musste, und wegen des sozialen Abstiegs nach einer Scheidung?

Sie wünschte ihm alles Gute und hoffte, dass er bald eine Frau finden würde, die mit auf dem Hof leben wollte und mit der glücklich werden konnte.

Schlafstörungen

Wieder einmal lag Céline nachts wach im Bett, alleine in ihrer WG. Die anderen waren zu einer Party ausgegangen. Alles drehte sich in ihrem Kopf, immer und immer wieder kamen ihr unerfreuliche Szenen aus ihrer Kindheit in den Sinn.

Wie sie mit 12 Jahren ins Gymnasium gewollt und wie ihr Vater sie deswegen in der Küche beschimpft hatte. „Als Frau kannst du die Beine breitmachen oder servieren gehen!", hatte er abschätzig und laut gemeint. Sein Schreien war noch in ihren Ohren und die schweigende Mutter daneben noch in bester Erinnerung. Ihre Primarlehrerin hatte sie auf ihren Wunsch hin zur Prüfung angemeldet. Sie hatte die Prüfung bestanden und zwei Jahre lang wusste der Vater nicht einmal, wo seine Tochter zur Schule ging. Nur ihre Mutter war eingeweiht worden. Mit 16 Jahren war ihr alles zu viel geworden, die ständigen Streitereien zu Hause, der Druck in der Schule, die Übergriffe, über die sie mit niemanden sprechen konnte, die viel zu frühen Milieubesuche. Sie hatte begonnen, sich den Finger in den Rachen zu stecken, um das Gegessene zu erbrechen. Drei- bis viermal täglich hatte sie dies praktiziert. Als Folge davon hatte sie kaum zugenommen. Es war klar, dass bei einem 8-Personen-Haushalt irgendwann jemand mitbekommen haben musste, dass sie täglich erbrach. Doch auch darüber war geschwiegen worden.

Jedes der Kinder hatte schon ganz früh mitbekommen, dass Schweigen die beste Überlebensstrategie war. Da Céline tagsüber immer im Gymnasium war, und dort nicht etwa die einzige Schülerin mit Essstörungen, hatte sie ihre Sucht sechs weitere Jahre weiterführen können. Mit 18 Jahren hatte sie dann ja bereits nicht mehr zu Hause gelebt.

Céline wälzte sich im Bett und hörte Musik. Es half alles nichts, sie konnte nicht einschlafen. Sie stand auf und schaute in den

Schrank. Die Schachteln mit Trittico und Seresta waren ganz hinten. Eigentlich hatte sie vorgehabt, aufzuhören, doch sie konnte keinen Lerninhalt aufnehmen nach einer durchgemachten Nacht. So schluckte sie ein paar Tabletten und nach einer halben Stunde schlief sie ein und hörte nicht einmal ihre WG- Partnerinnen nach Hause kommen. Zu Hause bei den Eltern hatte sie Medikamente aus dem Sortiment des Vaters genommen. Dieser hatte nicht gemerkt, wenn einige gefehlt hatten. Später bezog sie die Schlaftabletten und Antidepressiva gleichzeitig vom Hausarzt und der Psychologin. Auch da fehlte eine Kontrolle, wovon Céline profitierte. Die Schlaflosigkeit mit Tabletten zu unterdrücken, war eine weitere Sucht, die sie ihr ganzes Leben beibehalten sollte und die ihr zeitweise auch half, das Doppelleben zu führen, in das sie sich hineinmanövriert hatte.

Der Marathonläufer

Er war klein, der ganze Körper bestand aus Muskeln, gestählt von der lebenslangen Tätigkeit als Bauarbeiter. Die Hände waren breit und rau und sein Blick richtete sich nie ganz auf die Person, die er ansprach, als ob er sich schämte, dass er für Sex bezahlen musste. Als er in den Club eintrat, waren nur noch zwei Damen frei, unter anderem Céline. Sie hoffte eigentlich, er würde Nadine wählen, da war er aber schon bei ihr. Er stellte sich mit Franco vor, aber häufig stimmten die Namen nicht. Einen falschen Namen anzugeben, kam öfters vor, auch wenn später beim Bezahlen mit der Kreditkarte die richtige Identität aufflog. Mit einer Champagnerflasche bewaffnet setzten sie sich in ein Chambre séparée. Anfangs spielte er nervös mit seinen Händen, fixierte die Wand hinter ihr und sprach kaum ein Wort. Sie mühte sich ab, etwas aus ihm herauszukriegen. Erst nachdem die halbe Flasche geleert war, wurde er etwas lockerer. Céline wollte die Kunden eigentlich nicht abfüllen, sie fand es schöner, wenn die Männer nicht zu sehr nach Alkohol rochen. Viele hatten dann auch Mühe, den Penis hochzubekommen, und es dauerte dann meist länger, um zum eigentlichen Akt zu kommen oder den Kunden zu befriedigen. Er erzählte ihr, dass er auf dem Bau arbeite und ursprünglich aus Italien komme. Jedes Wochenende nehme er an einem Lauf teil, entweder an einem Marathon oder auch an kleineren Läufen. Alle seine Verwandten würden in Italien leben. Freunde habe er keine, mit den Arbeitern vom Bau wolle er sich nicht treffen. Schweizer gäbe es dort nicht mehr viele und die Deutschen oder Albaner blieben unter sich. Langsam fasste er nach ihrer Hand, dann rutschte er näher. Sie spürte seine Erregung und legte ihrerseits die Hand auf seinen Oberschenkel, dieser fühlte sich steinhart an. Nur Muskeln, überhaupt kein Fett. Sie gingen nach oben. In ihren roten High Heels überragte Céline Franco um einen Kopf. Ohne Schuhe war sie noch immer um einige Zentimeter größer. Das schien ihn überhaupt nicht zu stören, er hielt den Oberkörper ganz gerade, als wollte er damit die fehlenden Zentimeter wettmachen. Schnell war er entkleidet. Stolz präsentierte er sein Sixpack, seine klar definierten Muskeln und die rasierten Beine. Eigentlich hatten das sonst nur die Radrennfahrer oder Kunden, die Bodybuilding betrieben. Es stieß Céline ab, dass er wie ein Gockel am Bettrand hin und her lief. Von Schüchternheit war jetzt nichts mehr zu spüren, zu zweit und hinter der geschlossenen Tür kam er so richtig in Fahrt mit dem Erzählen. Was vorher ein einsilbiges Gespräch gewesen war, in dem sie ihm alles aus der Nase ziehen musste, wurde jetzt zu einem wasserfallartigen Monolog. Dieser drehte sich nur noch um Lauftrainings, Sport- und Fitnessernährung und um Untersuchungen in der Schulhessklinik, um den Körper checken zu lassen, um ihn dann weiter an die Grenzen zu bringen. Sie wartete geduldig, endlich legte er sich steif auf sie. Nach ein paar Minuten kam er zum Höhepunkt, unbeholfen tasteten seine Hände sie ab. Er war nicht geübt darin, eine Frau zu verwöhnen. Nachdem er den Gummi übergestülpt hatte, er wollte dabei ihre Hilfe nicht, drehte sich sogar etwas ab währenddessen, hatte er es sehr eilig.

Er legte sich einfach auf sie, ohne mit den Brüsten zu spielen oder ihr ins Gesicht zu schauen. Sie spürte die Erektion kaum, als er sich an ihr rieb. Schweigend penetrierte er sie und kam. Er hatte anscheinend schon länger keinen Geschlechtsverkehr mehr gehabt oder hatte zu wenig Beherrschung, um den Orgasmus hinauszuzögern. Vielleicht aber war er auch nur froh, dass es vorbei war und er wieder gehen konnte. So stolz in seiner Haltung und beim Präsentieren seiner Muskeln, so beschämt war er noch immer darüber, bezahlten Sex zu beziehen. Nach dem Duschen zogen sich beide schnell wieder an. Dann legte er das Geld hin und fragte sie, ob er wieder kommen könne und ob sie ihn auch außerhalb des Clubs treffen würde. Ihn außerhalb zu treffen, hieß, ihm den richtigen Namen bekannt zu geben oder in Schwierigkeiten zu geraten, sollte er anhänglich werden. Aber irgendwie tat er ihr leid, mit seiner Unbeholfenheit, seinen fehlenden Sozialkontakten und der offensichtlichen Sucht, das

Ganze mit Sport zu verdrängen. Sie versprach ihm, sich zu melden. Viele Männer wünschten sich eine Freundin, eine normale Beziehung draußen in einer Welt, in der vieles aus dem Ruder gelaufen war. Die meisten hatten unschöne Scheidungen hinter sich, sahen ihre Kinder selten, wenn überhaupt. Sie zahlten überhöhte Alimente an Frau und Kinder. Sie hatten keine engen Freunde, mit denen sie reden konnten, und der ehemals gemeinsame Freundeskreis fiel weg. Dann verkrochen sie sich in der Arbeit und in einem Hobby, unzufrieden mit der Welt und sich selbst und lebten mit weniger Geld. Besonders Sensible begannen, tiefer ins Glas zu schauen, und wenn sie dann den Job verloren, drehte die Abwärtsspirale noch schneller. Häufiger betroffen von einem sozialen Rückzug waren die Jahrgänge vor 1950 bis 1960. Mann war sich nicht gewohnt, in eine Therapie zu gehen und über den Verlust und den Trennungsschmerz zu sprechen. Selbst sehr enge Freunde bekamen nichts mit von der Trauer, am ehesten äußerten sie sich noch wütend über die Frau oder sie stürzten sich in die neugewonnene Freiheit und tummelten sich auf verschiedenen Dating-Apps.

Sie kannte viele Kunden, die sich nach einer Scheidung dazu entschieden hatten, nur noch ins Bordell zu gehen, der ganze soziale Stress einer Beziehung fiel dabei weg. Sie mussten sich bei niemandem mehr rechtfertigen, wenn sie zu spät von der Arbeit nach Hause kamen, sie konnten sich mit Freunden treffen, ohne dass eine Ehefrau oder Freundin zu Hause wartete und über die Bierfahne und den Restaurantmief nörgelte. Vergessene Geburtstage und Vorwürfe sowie langweilige Familientreffen zu immer denselben Orten und Verwandten fielen weg. Eine Befreiung von den alten Mustern war für viele ein Neuanfang. Dazu warteten in einem Bordell junge und hübsche Frauen. Die Ehefrau kannte man schon seit Jahren, das Äußere hatte sich in den meisten Fällen trotz viel Pflege nicht zum Besseren gewandt. Einen permanenten Jungbrunnen hatte auch die Schönheitschirurgie noch nicht erfunden. Das eigene Älterwerden, die grau melierten Haare, der Bauchansatz und die runzligen Hälse blendeten die Männer häufiger aus als die Falten der Frau, die Altersflecken auf den Händen, die Figur, die nicht mehr so straff war wie bei einer 25-Jährigen. „Ich bin im Kopf noch junggeblieben!" Diesen Satz hörte Céline öfter, als ihr lieb war, und sie wollten darin bestätigt werden, dass sie noch sagenhaft gut wären im Bett. Einige redeten sich auch ein, dass die Frauen auch Spaß beim Sex hätten, oder glaubten, dass sich ihre bevorzugte Dirne in sie verliebte hatte.

Häufig wollten sie diese dann aus dem Club befreien und sie nur noch zu ihrer Verfügung wissen, was dann doch in eine fast normale Beziehung münden würde. Gesetzt den Fall, die Frau ließe sich darauf ein, wäre bei einem späteren Konflikt der Vorwurf „Du bist ja sowieso nur eine Prostituierte!" Grund genug, sie wieder auf die Straße zu setzen.

Franco ging die Treppe nach unten und bevor er das Etablissement verließ, musste er an der Bar noch die Getränkerechnung begleichen. Céline war wieder an die Bar getreten, Ausschau haltend nach einem nächsten Kunden. Nur noch drei Stunden bis zum Schichtende, dann konnte sie endlich aus den verdammten High Heels in normale Kleidung wechseln und ab nach Hause. Sie hatte zu wenige Kunden heute, die Füße schmerzten mehr als normal.

Einige Wochen später trafen sie sich wieder. Diesmal waren sie zum Joggen verabredet. Er fuhr in einem großen BMW vor und passte seinen Laufschritt dem ihren an. Er war immer viel schneller. Sie trafen sich regelmäßiger. Er nahm sie mit zu Läufen. Wann immer sie Zeit hatte, nahm sie mit ihm an einem Marathon oder Halbmarathon teil. Er war in seiner Alterskategorie jedes Mal bei den drei Ersten. Sie in ihrer unter den ersten zehn.

Für ihn war das Laufen seine große Leidenschaft, wenn nicht seine Sucht.

Durch die zahlreichen Treffen wurden auch die Gespräche tiefsinniger, obwohl er als Bauarbeiter sehr wortkarg war. Beiläufig erfuhr sie, dass er einen Sohn hatte, der bei der Ex-Frau lebte. Ein Kontakt schien nicht mehr zu bestehen.

Als er ihr seine Verwandtschaft in Venedig vorstellen wollte, brach sie den Kontakt ab. Wieder einmal musste sie eine

Freundschaft aufgeben, da sie keinen Sex wollte und auch keine Gefühle vorspielen wollte, wo keine waren.

Er versuchte ihr noch seine Villa in Italien schmackhaft zu machen. Sie hoffte, dass er eine Frau finden würde, die seinen Vorstellungen entsprach und die sich ein gemeinsames Leben mit ihm in Italien vorstellen konnte.

Afrika 1

Der Saal des Volkshauses war gestoßen voll, die Menschen bewegten sich zu den Klängen des spanischen DJs. Céline war mit Corinna unterwegs, seit Längerem ein Abend, den sie nicht mit Lernen verbrachte. Sie stand vor den Abschlussprüfungen, nicht mehr lange und sie stand vor ihrer ersten eigenen Klasse. Es war Freitag und das Wochenende stand vor der Tür. Die Stimmung war ausgelassen und der Alkohol floss in Strömen. Auf der Tanzfläche hatte man kaum mehr Platz und Céline steuerte Richtung Tisch, als er sie ansprach. Trotz der Hitze trug er eine Wolljacke in schlichten Grüntönen und verlegen lächelte er sie mit blendend weißen Zähnen an. Schüchtern fragte er ob, sie mit ihm tanzen wolle, er heiße Rex und sie sei ihm schon länger aufgefallen. Sie waren etwa gleich groß, hatten also Blickkontakt auf Augenhöhe, nicht wie sonst, wenn sie sich kleiner machen musste, um den Männern, die sie zum Tanzen aufforderten, in die Augen blicken zu können. Sie liebte es, erst in die Augen zu schauen, dann auf die Hände und erst später den ganzen Körper ins Visier zu nehmen. Es war wie ein Ritual, das sich sekundenschnell abspielte, um das Gegenüber genau kennenzulernen. Überragte sie das Gegenüber, lehnte sie die Aufforderung meist ab. Das Englisch von Rex war gut und hatte nicht den typisch afrikanischen Slang. Sie wollten sich gerade zur Tanzfläche begeben, als er in der Wolljacke nach etwas suchte. Sie dachte erst, er suche Zigaretten. Er hatte jedoch seine Brille verlegt.

Gemeinsam gingen sie an seinen Platz. Dort lag seine Brille noch neben dem Bierglas. Sie setzten sich und unterhielten sich weiterhin auf Englisch. Céline verliebte sich auf Anhieb in den charmanten, gut aussehenden Nigerianer. „Wo wohnst du denn in Zürich?", fragte Céline Rex.

„Wir teilen uns zusammen ein Zimmer, meine zwei Freunde und ich", antwortete Rex, „im Zürcher Niederdorf, über dem Maxim." Sie wusste, wo sich das Maxim befand. Das Maxim war ein Stripclub. Rex lehnte das Rotlichtmilieu ab. Ein Afrikaner verkehrt nicht in einem Bordell, meinte er. Und doch war es ein Glück für ihn, dass oberhalb günstige Zimmer vermietet wurden. Er war im Rahmen eines dreimonatigen Austauschaufenthaltes in Zürich, studierte Wirtschaft und würde nach drei Monaten wieder ausreisen. In dieser Zeit lebte er zusammen im Zimmer mit seinen Freunden in der Altstadt. Sie tauschten die Handynummer aus. Rex stellte ihr noch einen Freund vor, Prince, beides waren recht häufige Namen in Afrika. Zusammen mit Corinna ging Céline nach Hause, bevor die letzte Tram fuhr.

Ihr erstes Treffen war recht kurz, sie standen draußen im Niederdorf vor der Tür, Rex war Raucher. Ihre gegenseitige Anziehung war spürbar. Aber Rex versuchte nicht, sie zu küssen oder anzufassen. Sie flirteten und Céline verlor sich in seinen braunen Mandelaugen, beachtete fasziniert seine langen schlanken Finger und durch das T-Shirt sah man den muskulösen Oberkörper. Ihr zweites Treffen, eine Einladung seinerseits ins Central zu einem Kaffee, fand noch in der darauffolgenden Woche statt. Hände halten während des Spaziergangs war in Afrika nicht Brauch, küssen in der Öffentlichkeit nur bei der Begrüßung. So liefen sie nebeneinander her und sprachen. Er erzählte von seiner Kindheit, von seiner Mutter und einem Vater, der ebenso gewalttätig war wie ihrer. Rex war so umgänglich, so freundlich und gebildet. Er entsprach in keiner Weise den Vorurteilen, die schwarzen Männern sonst anhafteten. Céline war glücklich in der Beziehung mit Rex. Ihren ersten gemeinsamen Sex hatten sie in Rex' Niederdorfzimmer. Als sie dort auftauchten, verschwanden seine zwei Freunde und Rex schloss die Zimmertür ab. Er ließ Musik laufen und dann entkleidete er Céline langsam, nicht ohne sie vorher gefragt zu haben, ob sie bereit sei dafür. Auch das hatte Céline nicht erwartet. Es war der schönste Sex, den sie seit Langem erlebt hatte. Rex ging auf ihre Bedürfnisse ein, beschleunigte oder verlangsamte das Stoßen seines Penis. Dieser war groß, aber nicht so, dass es sie schmerzte, wenn er fest zustieß.

Er brachte sie mit den Fingern zum Orgasmus und war glücklich, dass Céline nicht beschnitten war. Sie verbrachten den ganzen Nachmittag im Bett. Am Abend brach Céline dann auf, um in ihre eigene WG zurückzukehren. Sie trafen sich über Wochen, dann war klar, dass sie als Paar zusammenbleiben wollten. Damit er überhaupt bleiben konnte, war eine Heirat unumgänglich, und so willigte Céline ein, obwohl eigentlich noch nicht wirklich dazu bereit. Es dauerte nochmals Wochen, bis er die erforderlichen Papiere aus Nigeria erhielt, um überhaupt heiraten zu können.

Céline organisierte eine Waldhütte, da beide nicht genug Geld hatten, um eine große Feier zu bezahlen. Er durfte 10 Personen einladen und sie ebenso 10, dazu wollte sie keinen Alkohol.

Sie hatte keine Lust auf alkoholisierte Gäste und Schlägereien bei ihrer Hochzeit.

Der Gärtner

Céline war am Tanzen, als sie eine Hand auf ihrem Hintern spürte. Reflexartig drehte sie sich um, sah in ein von der Sonne gegerbtes Gesicht und ehe er sich versah, knallte sie ihm eine Ohrfeige ins Gesicht. „Sorry, kannst du nicht fragen, bevor du mich anfasst!" Sie war sowieso schon schlecht gelaunt heute Abend. Kurz vorher hatte ihr ein Araber Erdnüsse über den Kopf geleert, als sie mit Diethelm, ihrem schwulen Kollegen, am Tanzen war. Der Araber hatte ein Auge auf den älteren, elegant gekleideten Diethelm geworfen. Geschäkert hatten die zwei bereits und er fühlte sich durch Céline bedroht. Er schien nicht zu bemerken, dass sie nur Kollegen waren und einfach aus Spaß Paartänze übten. Diethelm war einer der wenigen, den sie auffordern konnte, Discofox oder Bolero zu üben. Daher war sie ganz überrascht, als der junge Bartträger plötzlich eine Handvoll Erdnüsse über ihr Haupt regnen ließ. Sie verbrachte eine halbe Stunde auf der Toilette, um das Salz aus ihren Locken zu bürsten. Dass ihr jetzt noch dieser Idiot einfach an den Hintern fasste, brachte das Fass zum Überlaufen. Überrascht starrten sie zwei blaue Augen an und ganz verdutzt fragte der Mann, der sie knapp überragte: „Schlägst du jeden, der dich anfasst? Es tut mir leid. Ich wollte dich weder erschrecken noch in Bedrängnis bringen. Du gefällst mir und jetzt habe ich dich wohl verjagt." Mit seinem zerknirschten Ausdruck tat er ihr schon wieder leid und eigentlich sah er recht sympathisch aus. Die blonden Haare waren verwuschelt, die blauen Augen leuchteten fast hellblau im gebräunten Gesicht und seine Hände waren wettergegerbt.

Es war unverkennbar, dass er im Freien arbeitete. Sie traten nach draußen und er zündete sich eine Zigarette an. Simon arbeitete tatsächlich als Gärtner im Gartenbauamt der Stadt Zürich und war unter anderem verantwortlich für den Unterhalt der Parkanlagen. Er war bei jedem Wetter draußen, bei Sonnenschein, Regen oder Schnee. Seine Hände waren breit und die Haut voller Schwielen und rau. Er rauchte Kette, war sehr schlank und froh, dass sie ihm das Anfassen nicht nachtrug.

Sie beschlossen, den Club zu verlassen und unten an der Limmat spazieren zu gehen. Richard war alleinstehend, lebte in einem beliebten Außenquartier der Stadt und seine Lieblingsbar befand sich in der Zähringerstrasse. Ihr wurde schnell kalt und sie verabredeten sich auf ein Fondueessen bei ihm zu Hause. Céline witterte eine Gelegenheit, Geld zu verdienen. Als Alleinstehender, ohne Kinder oder Ehefrau, dazu zu 100 Prozent berufstätig, hatte Richard sicher ein genügendes Einkommen, um für den Sex zu bezahlen oder auch mal ein Geschenk zu kaufen.

Richard wohnte in einem Hochhaus. Die Wohnung war groß und topmodern eingerichtet. Ein riesengroßes Aquarium dominierte das Wohnzimmer, dazu ein Metallschrank, auf dem der Fernseher stand, und ein bequemes Sofa. Alles war in Brauntönen. Er führte sie durch alle Zimmer, stolz zeigte er sein Atelier. Auf der Werkbank stand eine Gipsbüste, die einen Frauenhintern darstellte. In seiner Freizeit modellierte er mit Gips und ein weiteres Hobby – weitaus teurer – war sein eigenes Auto zu bauen. Sie war beeindruckt von dem Ambiente und seinem handwerklichen Geschick, die Mehrzahl der Möbel hatte er selbst angefertigt.

Nach einem Auflockerungsdrink (für ihn mit, für sie ohne Alkohol) gingen sie ins Schlafzimmer. Da er Angst hatte vor Geschlechtskrankheiten, bat er sie, aufs Küssen zu verzichten. Er glaubte, dass sich die meisten Krankheiten über den Mund übertragen würden. Er wollte auch nicht geblasen werden oder Céline lecken. Sie hatte sowieso nicht die Absicht, ihn zu küssen, und die anderen Wünsche kamen ihr auch entgegen, vereinfachte es doch das Ganze. Sie wollte nicht befriedigt, geschweige denn geleckt werden. Ohne Gummi machte sie sowieso nichts und auch blasen ohne Gummi gehörte nicht zum Angebot. Sie hatten ja keine gegenseitigen Testergebnisse zu den diversen Geschlechtskrankheiten. Etwas Dekoration, dazu Techno und eine Massage zur Auflockerung, er kam schnell in Stimmung und dann ließ er sich ans Bett fesseln mit Handschellen. Sie ließ das metallene Zahnrad über ihn gleiten, setzte sich auf ihn und ritt ihn fast bis zum Höhepunkt, um ihn dann mit dem Spanking-Paddle wieder aus der Erektion zu holen. Alles geschah auf seinen Wunsch und nur unter der Bedingung, ihn nicht zu verletzen. Er wollte Schmerzen spüren, sie wollte kein Blut fließen lassen. Zwei Stunden verflossen in Windeseile, zwischendurch ging er auf den Balkon, um zu rauchen, oder holte Kaffee. Sie duschte und wechselte das Outfit. Auf dem Bett lag ihre Latexdecke. Als er erschöpft war und auch sie außer Atem, bezog er das Bett frisch und sie machte sich nach erneutem Duschen zur Heimreise bereit. Beim Gehen überreichte er ihr das Kuvert mit dem Geld. Die Handynummern waren längst ausgetauscht. Er wurde einer von Célines längsten Bekanntschaften. Sie führten eine kollegiale Freundschaft, ohne dass sie viel miteinander schliefen, und wenn, dann nicht gegen Bezahlung.

Noch in jungen Jahren erkrankte er an einem Hirntumor und nach der ersten Operation wuchs der Tumor wieder nach. Céline erschrak über die Geschwindigkeit, mit der sich sein Gesundheitszustand verschlechterte, und als er kaum mehr ansprechbar war, wurde sein Bruder kontaktiert. Sie nahm ihn nur noch ein einziges Mal mit nach draußen in ein Café an der Limmat, er genoss den Sonnenschein und dann brachte sie ihn zurück. Von seinem Ableben vernahm sie als nicht nähere Angehörige nichts.

Afrika 2

Wieder einmal kam sie später nach Hause. Sie öffnete die Tür, da stand er und knallte ihr eine. Sie reagierte blitzschnell und knallte ihm eine zurück, ohne zu überlegen, denn er war stärker, kräftiger und er hatte lange gewartet. Sie kam vom Elternabend, nicht wie sonst von einer Schicht. Seine Eifersucht war unbegründet. Er ließ ihr von Freunden hinterherspionieren. Angeblich war sie in Begleitung eines Mannes auf der Bahnhofstrasse oder im Niederdorf. Wenn immer eine größere Frau mit Locken in Begleitung eines Mannes gesehen wurde, erhielt er einen Anruf aus dem Freundeskreis. Seine Besessenheit war unerträglich, immer öfter tauchte er unangemeldet im Klassenzimmer auf, kontrollierte sie und ihren Stellenpartner Jan. Es wurde richtig peinlich. Für wie doof hielt er sie? Sie hätte nie im Beruf ein Verhältnis angefangen. Jedes Mal musste sie sich bei Jan entschuldigen und rechtfertigen, wenn er wieder unvorhergesehen ins Klassenzimmer rannte, beide wütend anstarrte und dann beruhigt lächelte, wenn er sah, dass sie weit voneinander getrennt saßen, Hefte und Bücher ausgebreitet, am „Präpen" wie üblich. Selbst hatte er eine Vaterschaftsklage am Hals. Eine Nigerianerin beharrte felsenfest darauf, dass sie ein Kind habe von ihm. Dieses Kind musste kurz vor der Geburt ihrer beiden Töchter gezeugt worden sein, denn es war nur ein halbes Jahr älter. Er musste vor Gericht erscheinen und einen Vaterschaftstest machen, den er schlussendlich selbst bezahlen musste. Es war offensichtlich, dass es sein Kind war. Céline hätte die Nigerianerin gerne kennengelernt und reiste extra nach Bern. Da war die Frau aber bereits abgereist, retour nach Nigeria. Man hatte sie ausgewiesen, ohne Aufenthaltsbewilligung, ohne Arbeit und ohne gültige Papiere. Viel später sollte dann die bereits erwachsene Tochter ihres Noch-Ehemannes und Halbschwester von Célines Kindern in die Schweiz reisen. Mit einem Schweizer Pass, auf der Suche nach Arbeit und nach ihrem Vater. Céline würde sie unterstützen mit der Suche nach einer Lehrstelle. Aber all das lag in der Zukunft und davon hatte sie noch keine Ahnung.

Die Ehe war bereits da gescheitert. Sein ständiges Lügen, seine Ausreden und das Nicht- zu-seinem-außerehelichen-Kind-Stehen. „Sie ist mit all meinen Freunden im Bett gewesen. Das ist nicht mein Kind", beteuerte er immer wieder. Sie glaubte ihm nicht, zu Recht, wie sich später herausstellen sollte. Eine Frau wusste meistens, wer sie geschwängert hatte, wenn sie nicht total alkoholisiert war oder jeden Tag einen anderen Lover hatte. Das Vertrauen war grundlegend zerstört und die Scheidungsabsichten ihrerseits bereits gehegt, lediglich eine Frage der Zeit. Es kochte hoch in ihr ... Wieder einmal war die Küche randvoll mit Rauch ... Überall in der Wohnung roch es nach Hanf. Sie hasste es, wenn er zu Hause kiffte. Sie hasste den Gestank, seine roten Augen, die tropfende Nase, sein plötzlich so fröhliches Verhalten. Er lächelte ständig, war wie ein umgekehrter Handschuh, nicht mehr wütend, tiefenentspannt vom Hanf. Das Geschirr stand in der Spüle, ungewaschen, die Speisereste bereits verkrustet. Bald waren die Kinder vom Kindergarten retour, sie musste erst die Wohnung lüften und das Essen vorbereiten.

Als sie an ihm vorbei wollte, um das Küchenfenster zu öffnen, brummelte er seinen Standardspruch: „Leave me alone."

„Die Kinder sind bald da, ich wäre froh, wenn du auf dem Balkon weiter rauchen würdest." Sie antwortete auf Deutsch, versuchte, ganz ruhig zu bleiben, und stellte erst jetzt ihre Taschen auf den Boden. Sie hatte ihm schon so oft erklärt, dass sie das Kiffen in der Wohnung nicht ertragen würde, auch das Rauchen nicht. Sie und ihr Sohn hatten Asthma, aber ohnehin war eine verrauchte Wohnung unangenehm. Alles, inklusive Kleider, Teppiche und Vorhänge, roch nach Rauch und die Wände verfärbten sich gelblich. Er verzog sich aus der Küche und sie begann, das Geschirr zu spülen. Mehr als eine günstige Genossenschaftswohnung konnten sie sich nicht leisten. Die drei Zimmer – die Kinder hatten ein Zimmer gemeinsam – waren eng und die Wände waren hellhörig. Man hörte die Nachbarn, umgekehrt hörten diese auch ihre Streitereien mit. Während das Wasser lief und das Spülmittel die Teller und Gläser einschäumte, zog sie geistig Bilanz ihrer Ehe. Sie kam für den Unterhalt der Familie auf. Sie ertrug seine Wutausbrüche, wenn er frustriert vom Taxifahren nach Hause kam. Wie ihr Vater reagierte er auf alles mit Jähzorn. Er kritisierte dann das Essen (des Öfteren flog die Spaghettipfanne samt Inhalt, Geschirr und Ähnliches aus dem Fenster), er trank zu viel und der Alkohol machte ihn noch aggressiver. In den letzten Wochen hatte er Stunden über Stunden in der Wohnung gekifft und gar nicht gearbeitet. Der bekiffte Zustand war ihr eigentlich lieber als der betrunkene, er wurde dann wenigstens nicht gewalttätig. Es kam auch vor, dass sie, obwohl es illegal war, für ihn Hanf kaufte.

Seine Geldausgaben – das meiste Geld floss nach Afrika – und seine Schulden wuchsen ins Uferlose, davon war sie zeitweise direkt betroffen. Die Festnetznummer wurde gesperrt und er bestellte Ware nach Hause, die er weder bezahlte noch retournierte. Er pflanzte Magic Mushrooms an, ohne an die Kinder und deren Neugier zu denken. Abends blieb er oft weg, ohne ihr zu sagen, was er machte. Auf Nachfrage meinte er nur lapidar: „I'm looking for money." Wo er Geld auftreiben wollte, war ihr schleierhaft, und sie hoffte einfach, dass nicht plötzlich irgendwelche Gläubiger bei ihr auftauchen würden. Es war ähnlich wie bei ihrem Vater, dieser hatte die Zuhälter im Nacken, wenn er die Frauen und den Champagner nicht bezahlen konnte, ihr Ehemann irgendwelche dubiosen Geldgeber oder Kreditinstitute.

Dazu die krankhafte Eifersucht. Sie wäre besser mit den Kindern allein, wusste aber, er würde nie in eine Scheidung einwilligen. Es hieß, das Ganze so anzugehen, dass keiner Schaden nehmen würde. Dazu kam die Angst um die Kinder. Nach afrikanischem Recht gehörten die Kinder dem Mann. Er würde die Kinder nach Nigeria bringen, wenn sie nicht vorsorgte, und sie sähe beide Kinder nie mehr. Als die Kinder nach Hause kamen, ließ sie sich von ihrem Ärger nichts anmerken. Sie aßen zu viert, fröhlich erzählten die Kinder von ihren Erlebnissen. Nachher schickte Céline die beiden ins Zimmer, um Mittagsruhe zu halten, sie legte sich auch oft für eine halbe Stunde hin. Am Nachmittag fuhr sie mit ihnen ins Hallenbad. Ausflüge und Ferien machten die drei schon lange alleine ohne den Vater.

Der Rückschaffer

Der Zweite-Klasse-Wagen von Lugano nach Zürich war gestoßen voll. Céline ärgerte sich, wäre sie wie geplant am Donnerstagabend losgefahren, hätte sie die reisenden Menschenmassen umgehen können. Sie bezahlte den Erste-Klasse-Aufpreis und stieg in ein halb volles Abteil. Dabei schaffte sie es, noch ein freies Viererabteil zu finden, und setzte sich in Fahrtrichtung, ihre Northface-Tasche legte sie auf den Nachbarsitz und hoffte, dass sich kein weiterer Fahrgast zu ihr setzte. Kurz vor Abfahrt des Zuges betrat ein grau melierter Herr im Trainingsanzug den Waggon. „Ist hier noch frei?" Die verhasste Frage, wie immer hatte sie Pech. „Ja, da ist frei." Sie hätte lieber gesagt, dass noch jemand käme, damit sie ihre Ruhe gehabt hätte. Aber das wäre eine zu offensichtliche Lüge gewesen. Wer würde schon so spät noch in den Zug kommen und reserviert war der Sitzplatz ja auch nicht. Er setzte sich so in die Gegenfahrtrichtung, dass ihre beiden Beine sich nicht in die Quere kommen konnten. Ein freundliches Gesicht schaute sie an und sie merkte, wie er sie genauer musterte. Sein violett-grüner Trainingsanzug war hässlich, vor allem die Farben passten nicht zu einem Mann und auch sonst war der Anzug aus der Mode gekommen. Er hatte einen ebenso altmodischen Rucksack dabei. Sie schätzte ihn zwischen fünfzig und sechzig Jahre, also mindestens 20 Jahre älter als sie. Der Zug fuhr los und obwohl sie ein Buch auspackte, um zu lesen, begann der ältere Herr ein Gespräch. „Fahren sie regelmäßig ins Tessin oder ist das ihr erster Besuch?" Kaum hatte er diese Frage gestellt, redete er schon weiter. Er erzählte, dass er oft im Tessin sei und heute bei einem Orientierungslauf mitgemacht habe. Überhaupt komme er vor allem wegen des Sports ins Tessin. Er wohne mit seiner Frau in Solothurn und sie interessiere sich nicht für den OL. Auch habe er kaum Zeit, während seiner Arbeit seinem Hobby nachzugehen. Sie hätten ein Ferienhaus im Tessin, in der Nähe von Caslano. Diese letzte

Woche sei ja wunderbares Wetter gewesen. Céline kam kaum zu Wort. Sie lächelte freundlich, stoppte aber seinen Redefluss nicht, mit einem Auge bewunderte sie die vorbeifahrende Landschaft. „Machen Sie auch OL?", fragte er. Als er sie anschaute und schwieg, merkte sie, dass sie eine weitere Frage verpasst hatte.

„Wie bitte?"

„Ob Sie auch OL laufen?"

„Ja, ich bin auch schon OL gelaufen, aber eigentlich gehe ich lieber joggen, ein bis zwei Stunden", entgegnete sie anständig.

„Dann könnten Sie gut mit zu einem OL kommen", meinte er lächelnd. Munter plauderte er weiter: „Ich fahre auch sehr gerne Rennrad. Im Tessin ist das ideal mit den Hügeln und den milden Temperaturen." Diesmal fixierte ihn Céline genauer. „Rennrad", das war ihre große Leidenschaft. „Ich bin begeisterte Rennradfahrerin, gerade diese Woche bin ich auf einigen Touren gewesen." Jetzt war sie es, die ihm ins Wort fiel. „Wir haben ein Ferienhaus in Cademario, oberhalb des Luganersees, und da gehe ich öfters mal alleine hin."

Erfreut strahlte er sie an: „Meine Frau und ich haben eine Ferienwohnung in Caslano. Dann könnten wir ja mal gemeinsam trainieren gehen. Zu zweit machts doch mehr Spaß." Die Minibar kam vorbei, und er lud sie auf ein Getränk ein. Er erzählte ihr, dass er im Bundesamt für Gesundheit arbeite, für die neu gegründete Abteilung für Auslandsreisende. Da immer mehr Schweizer, die ihre Ferien in Kriegs- und Krisengebieten verbrachten, rückgeschafft werden müssten. Da diese oft nicht mehr nach Hause gekommen waren, war die Schweiz gezwungen worden, eine neue Abteilung zu eröffnen. Er wurde als Leiter mit dieser Neueröffnung beauftragt und stand dieser sogenannten Reiseabteilung nun schon fünf Jahre vor. Ohne genügend Sparguthaben nachweisen zu können, durften solche Kriegstouristen nicht mehr reisen. Diese Rückschaffungen waren enorm teuer und mittlerweile musste der Tourist, wenn er die Hilfe des Schweizer Staates in Anspruch nahm, um heil nach Hause zu kommen, einen Teil der Kosten selbst übernehmen, was er auch richtig fand.

„Der Job ist sehr belastend", betonte er. „Die Reisenden befinden sich jeweils in sehr schwierigen Verhältnissen, es muss mit einflussreichen Personen vor Ort verhandelt werden, um, gerade wenn es sich um Entführungen handelte, das Lösegeld besprechen zu können. Die Personen sollen ja freigelassen und nachher wieder sicher nach Hause gebracht werden. Zum Job gehört auch, die Angehörigen zu beruhigen, die sich in der Schweiz jeweils große Sorgen machen. Ich verstehe nicht, wieso so viele Touristen ein Kriegsgebiet als Adventure bereisen und diesen Kick suchen." Er lehnte sich zurück und schwieg das erste Mal. Céline schwieg ebenso. Das Schweigen war nicht das unangenehme Schweigen, das entstand, wenn es nichts mehr zu reden gab. Es blieb eine Weile ruhig und sie schauten aus dem Fenster. Sie waren mittlerweile in Arth-Goldau. Das Abteil hatte sich jetzt vollständig gefüllt und eigentlich hatte Céline, auch wenn sie noch keine Seite ihres Buches weitergelesen hatte, Glück mit ihrem Sitznachbarn. Er erzählte spannende Geschichten von seinem Beruf, natürlich ohne Namen zu nennen. Er erzählte auch von den Ländern, die beliebte Ziele dieser Reisen waren und nannte auch die Summe für solch eine Rückschaffung. **Rolf** fragte sie nach ihrer Handynummer. „Ich würde Sie gerne wieder treffen. Da ich verheiratet bin, wäre es besser, wenn wir uns irgendwo in Zürich träfen." Sie tauschten ihre Handynummern aus. Céline hatte ihm erklärt, dass sie ihn gerne wiedersehen würde.

Entweder gegen ein teures Geschenk oder für 250 Franken. Leider hätte sie als Alleinerziehende Geldsorgen und wäre froh, wenn sie sich davon etwas Schönes leisten könnte. So trafen sie sich zum ersten Mal im Zürcher Hauptbahnhof in der Erste-Klasse- Lounge. Er kam im Nadelstreifenanzug und erwartete Céline bereits, hatte einen Laptop dabei und öffnete seine Mails. Er zeigte ihr ein Mail vom Bundesrat, der damals für das Bundesamt für Gesundheit zuständig war. Da es sich um ein internes Dokument handelte, war es sicher nicht für Drittpersonen gedacht. Rolf wollte sie so beeindrucken. Er hatte ein Hotelzimmer für zwei Stunden reserviert. Länger hatte er nicht Zeit. Meistens genügte es beim ersten Treffen, oben im Hotelzimmer mit einem durchsichtigen Negligé zu warten, das Zimmer in gedämpftes Licht getaucht, auf dem Nachtisch Kondome und diverse Vibratoren bereitgelegt, für den Fall, dass er, ausgelaugt von der Arbeit, gar nicht in der Lage war, steif zu werden. Abgemacht war, dass sie eine halbe Stunde vor ihm das Hotelzimmer aufsuchen und dort auf ihn warten würde und auch beim Verlassen erst wieder eine halbe Stunde nach Rolf das Hotelzimmer verlassen würde. So würde sichergestellt, dass sie draußen nicht zusammen gesehen werden konnten, beim Eintreten sowie beim Verlassen des Hotels. Céline hatte viel zu viel mitgebracht. Sie hörte, wie sich die Tür öffnete. Rolf trat ein und erblickte sie auf dem Bett. Er war so ausgehungert nach Sex und so erregt, dass er gerade noch die Aktenmappe auf den Boden stellen konnte, bevor er die Tür schloss. Schnell drehte er sich um und entledigte sich seines Anzugs, der Krawatte und des Hemdes. Erst jetzt hielt er inne. Erwartungsvoll schaute er sie an. Seine Beine waren durchtrainiert. Der Bauch war für einen Mittfünfziger ganz okay. Céline war unterdessen aufgestanden und half ihm mit der Unterhose. Er packte sie und gemeinsam fielen sie aufs Bett. Sie hatte kaum mehr Zeit, ihn zu stoppen und ein Kondom von der Nachttischschublade zu nehmen. Eineinhalb Stunden später lagen beide verschwitzt und keuchend auf den Laken. Er hatte tatsächlich die Kondition eines Orientierungsläufers. Nach dem Ankleiden holte er diskret ein Kuvert aus der Aktentasche und legte es auf den Nachttisch. Dann verabschiedeten sie sich voneinander. Sie wartete die verabredete halbe Stunde ab, bis sie nach ihm das Hotelzimmer verließ.

Geldsorgen

Während der Schulferien ihrer Gymnasialzeit oder der Ausbildungszeit als Primarlehrerin hatte sie zeitweise als Serviererin an der Bahnhofstrasse gearbeitet und dabei auch etwas Trinkgeld verdient, ab und zu blieb ein Gast länger, um ihren Feierabend abzuwarten. Auch für die Fabrikarbeit war sie sich nie zu schade, aber sie war jedes Mal froh, nach zwei Wochen Salat putzen oder Tomaten verpacken wieder aufhören zu können. Die Hierarchie der Frauen in der Garderobe war unerträglich, der Vorarbeiter verbot ihr das Singen während der Arbeit und die Langeweile mit den immer gleichen Abläufen war tödlich. In den Temporärbüros vermittelte man der Maturandin, später Studentin, eine Arbeit als Kioskverkäuferin zu 28 Franken die Stunde und dabei war sie noch besser bezahlt als die Festangestellten. Auf der Bank erging es ihr mit dem Papiereinordnen etwas besser mit einem Stundenlohn von 35 Franken. Aber um in kurzer Zeit viel Geld verdienen zu können, war dies auch nicht das Richtige und abwechslungsreich oder spannend war es keinesfalls.

Jetzt aber war ihre Situation anders, sie musste eine Familie ernähren. Es ging nicht mehr darum, ihre eigenen Bedürfnisse zu decken. Sie musste Steuern, Krankenkassenprämien, Arztrechnungen und die Wohnungsmiete bezahlen, dazu kamen immer wieder die Schulden des Ehemannes. In ihrer Not griff sie auf ihre Milieuerfahrungen als Zuschauerin zurück. An den Abenden, an denen sie ihren Vater abholen musste, hatte man ihr immer wieder Angebote gemacht. Das einzige Problem beim Plan, als Prostituierte zu arbeiten, war, ihn mit der Zeit in der Schule und den unbetreuten Zeiten ihrer eigenen Kinder zu koordinieren. Da sie unter der Woche unterrichtete und frühmorgens im Klassenzimmer stehen musste, durfte es abends nicht später als zwölf Uhr werden. An den Wochenenden war es besser, da hatte sie eine Schülerin, die ihre Kinder hütete.

Sobald ihre Schicht fertig war, kehrte sie nach Hause zurück. Das Arbeiten im Club wurde ein willkommener Nebenverdienst, um die hohen Telefonkosten für ihren afrikanischen Ehemann zu decken. Er brachte von seinen Taxifahrten auch kaum was nach Hause.

Für die Familie aufzukommen war größtenteils ihre Aufgabe. Immer wieder gab es Streit, da Céline ihn aufforderte, sich an den Unterhaltskosten zu beteiligen. Kinderhüten wollte er kulturbedingt auch nicht und so engagierte sie zusätzlich eine Tagesmutter.

Sein Einkommen floss zur Hauptsache in den Kauf von Autos, die nach Nigeria verschifft werden mussten. Er fuhr die Autos auf einem langen Lastwagen mit mehreren Anhängern an die Küste von Frankreich. Später füllte er Container mit Haushaltsgeräten: Fernseher, Kühlschränke, Toaster, Mikrowellengeräte und anderes. Die Container wurden nach Nigeria verschifft. Ebenso startete er damit, ein Mietshaus in Benin City zu bauen. Sobald es fertig war, bezogen es seine Mutter und die Brüder, und ein zweites Gebäude wurde in Auftrag gegeben. Die Autogeschäfte und der gemäß ihm sichere Haushaltsgerätehandel erwiesen sich als defizitär. Die Autos erreichten zwar den nigerianischen Hafen, dann aber wurden sie geplündert, wenn kein Verwandter vor Ort war. Die Autositze, das Lenkrad, die Musikanlage, sämtliche Bestandteile wurden ausgebaut und geklaut, zurückblieb ein nicht mehr verkaufbares Autowrack. Es halfen alle Streitereien nichts. Céline bezahlte die horrend hohen Telefonate nach Nigeria, die von der Festnetznummer ihrer Wohnung aus geführt wurden. Mit dem Handy war es ihm zu teuer, zudem hatte er bereits Aboschulden. Als nichts half, sperrte sie den Festnetzanschluss.

Der Elegante

Stets mit einem farblich abgestimmten Sakko über dem gebügelten Hemd, die Hosen aus festem Stoff und beschuht in schmalen Lederschuhen, war er einer der bestgekleideten Herren, die Céline je getroffen hatte. Bei Regen erschien er mit einem Hut mit Krempe, bei Sonnenschein mit einer Schirmmütze. Die Haare waren bei jedem ihrer Treffen frisch frisiert, akkurat hinten geschnitten und die Augenbrauen in Form gezupft. Die Nägel der Hände und Füße waren gepflegt wie bei den Händen einer Frau, ohne jedoch schwul zu wirken. Sein Parfum teuer und dezent aufgetragen, nicht wie die billigen Parfums, die, mit Schweiß vermischt, aufdringlich und unangenehm in die Nase stachen: Bei den billigen, vielfach zu stark aufgetragenen Parfums und Deos musste sich Céline jedes Mal kurz abwenden, um nicht gleich den Drang zu verspüren, wegzugehen. Nach der Dusche und dem Ablegen der Kleider war der unangenehme Gestank dann weg.

Felix war in jeder Beziehung einer der angenehmsten Männer, den sie je getroffen hatte. Gebildet und zurückhaltend, aus einer Zeit, in der die Männer den Frauen noch die Tür öffneten, beim Bestellen im Restaurant der Begleitung den Vortritt ließen und ihnen das Taschentuch aufhoben, wenn es zu Boden fiel. Letzteres war seit Corona sowieso nur noch mit Handschuhen möglich und auch nicht unbedingt erwünscht. Beim Autofahren würde er ihr ebenso erst die Autotür aufhalten, bevor er einstieg, und beim Ausstieg dasselbe nochmals, wie in den Schwarz-Weiß-Filmen. Beim gemeinsamen Zusammensein gab er ihr das Gefühl, sie sei die Einzige in der Welt, für die er Augen hatte und deren Wünsche es zu erfüllen gab. Er war weit über die Siebzig, sah aber viel jünger aus und hatte für sein Alter einen agilen Körper. Das einzig Auffällige, wenn nicht Störende, an ihm war der Rollkoffer, den er bei jedem

Treffen hinter sich her zog. Darauf stand noch ein Aktenkoffer, den sonst nur Anwälte oder Versicherungsvertreter mich sich führten. Den Inhalt dieses Aktenkoffers bekam sie nie zu Gesicht, obwohl sie sich fast ein Jahr lang recht häufig trafen. Die Brieftasche hatte er im Gesäßsack seiner Hose, das Handy oben in der Jackentasche. Es sah stets aus, als wäre er auf dem Weg zur Arbeit. Er wohnte in Basel, besaß aber noch eine Zweitwohnung in Andermatt, um sich den Weg ins Tessin zu verkürzen. Im Tessin lebte er während der Wintermonate, da das mildere Klima ihm mehr behagte. Sie hatten sich auf einem Portal angeschrieben, und er lud sie zum ersten Treffen ins Café Felix am Bellevue ein, wo er sie bereits schon im zweiten Stock erwartete. Felix war nicht der Typ Mann, der im Bordell verkehrte. Er wollte vorerst keine normale körperliche Beziehung. Er hatte eine langjährige Freundschaft hinter sich, die in die Brüche gegangen war, und war nach dieser Trennung fürs Erste enttäuscht und verletzt. Als er ihr vorschlug, ihr in einem Hotelzimmer zuzuschauen, wie sie sich mit einer Doppelpenetrationssexmaschine zum Höhepunkt bringen würde, war sie erst ziemlich perplex.

Er zählte noch andere Geräte auf, die er an ihr ausprobieren wollte. Für sie war somit schnell klar, dass er selbst nicht mehr penetrieren konnte und seine Befriedigung darin bestand, einer jüngeren Frau bei der Selbstbefriedigung zuschauen zu können. Es klang nach schnell verdientem Geld. Bevor sie sich aber darauf einließ, versicherte sie sich noch, dass er keine Perversionen wie Schläge, Verletzungen oder sadomasochistische Praktiken wünschte. Eine Love Glider Sexmachine oder eine Saddle Deluxe Sexmachine (bekannter unter dem Namen Sybian Sexmachine) mit ihm auszuprobieren, da hatte sie nichts dagegen, vorausgesetzt, er kaufe oder miete die Geräte. Bei der Bedienung würde sie ihn betreffend Geschwindigkeit und Stärke dann anleiten. Sie hatte keine Lust darauf, Versuchskaninchen zu sein bei erhöhtem Stärkegrad und insbesondere nicht, wenn der Kunde nach erfolgtem Orgasmus die Geschwindigkeit nicht drosselte. Viele Kunden verwechselten die Fernbedienung mit einem Steuerknüppel und dachten, dass Frauen nach einem Orgasmus ohne Pause gleich wieder stimuliert werden könnten. Sie wussten oft nicht, dass eine Überstimulation unangenehm bis schmerzhaft war.

Die Sybian Sexmachine wurde oft in Pornofilmen und in Clubs eingesetzt und war mit 1150 Franken doch eine größere Anschaffung. Die Maschine hatte die Form eines Sattels mit einem Dildo obendrauf und konnte je nach Modell mit einem Klitoriszubehör ergänzt werden. Via Fernbedienung konnte die Frau mit fünf leistungsstarken Geschwindigkeitsstufen in Ekstase versetzt werden. Die teureren Modelle waren mit Kunstleder überzogen. Felix erklärte sich einverstanden damit, die Sybian Sexmachine aufzutreiben und sie bei ihrem nächsten Treffen in einem Hotelzimmer mitzunehmen. Sie trafen sich wieder wie beim ersten Treffen im Café Felix, irgendetwas war aber nicht wie sonst. Er schien schlecht gelaunt, dann tranken sie Kaffee. Felix schaute sie an und plötzlich sagte er, dass er eigentlich eine Freundschaft plus wünsche. Er sei aber nicht sicher, ob sie das erfüllen könne. Er wünschte sich mehr als nur Sex, hätte also gerne wieder eine Beziehung. Er hätte gerne eine Frau, die mit ihm den letzten Abschnitt seines noch verbleibenden Lebens teilen würde.

Céline merkte, dass er auf dem Absprung war. War sie ihm plötzlich zu kostspielig? Die große Liebe hatte sie ihm nicht versprochen. Sie hatte ihm auch nicht versprochen, exklusiv ihm zur Verfügung zu stehen. Lag es an ihr und hatte sie am Anfang zu wenig kommuniziert, dass es von ihrer Seite her keine Liebe war? Sie mochte ihn, sie respektierte ihn, aber mehr war da nicht. Sie verblieben so, dass er sich jederzeit melden würde, falls er es sich anders überlegen sollte.

Céline wünschte ihm alles Gute und dass er eine bezüglich seiner Erwartungen passende Frau finden würde. Eventuell schaffte er es, seine Vorstellungen, was das Alter und den Körperbau anbetraf, etwas anzupassen und eine Frau in seinem Alter zu suchen. Sie wusste, dass sie nichts mehr von ihm hören würde.

Afrika 3

Rex wollte nach Nigeria, und zwar wollte er mit der Familie reisen. Die Kinder waren gerade mal vier Monate und zwei Jahre alt. Céline verstand seinen Wunsch, die gemeinsamen Kinder den Eltern zu zeigen. Auch war es an der Zeit, ihre Schwiegereltern kennenzulernen. Andererseits war da die Angst vor dem Unbekannten, vor dem Fremden, das dieses Land für sie darstellte. Nigeria war kein Reiseland. Es gab keine wirklich guten Reiseführer. Als Erstes galt es, alle notwendigen Impfungen vorzunehmen. Rex war da sehr unvorsichtig. Er hielt nichts davon als Einheimischer Malariamedikamente einzunehmen, zumal es ihn auch schon erwischt hatte. Bereits zweimal hatte er bei seiner Rückkehr Fieber, er hatte keine Lariamtabletten genommen. Damals wurde dieses Medikament abgegeben und musste vor der Einreise ins Malariagebiet eingenommen werden, heute gibt es andere Medikamente. Rex hatte nach seiner Rückkehr in die Schweiz Fieber und Gliederschmerzen, nach dreitägiger medikamentöser Therapie heilte die Malaria wieder aus. Mit der Zeit war man teilweise immun gegen diese Krankheit. Céline aber wollte das Risiko einer Erkrankung in den Ferien nicht eingehen und traf nach Anfrage im Tropeninstitut Zürich die notwendigen Vorkehrungen für eine Reise nach Nigeria. Sie wusste auch zu wenig darüber Bescheid, wie gut die Verhältnisse in einem afrikanischen Spital waren. Daher nahm sie einiges an medizinischer Versorgung mit. Sie packte auch Pampers für ihre Tochter ein. Sollte die Reise stattfinden, würde sie den Sohn jedoch nicht mitnehmen, er war zu klein und erst noch Asthmatiker. Sie kannte das Land und die sanitären Verhältnisse nicht und wollte kein Risiko eingehen. Ihre Eltern willigten ein, den Kleinen während ihrer Afrikareise zu hüten. Schweren Herzens stillte sie ab. Zudem begleitete sie eine Schwester, denn alleine reisen mit Mann und Tochter wollte sie nicht.

Sie hatten einen Flug ab Genf gebucht mit der Swissair. Es war ein Direktflug nach Lagos. Eine weitere Schwester fuhr sie den ganzen Weg nach Genf. Unterwegs wurde Rex unruhig, dann sagte er plötzlich, dass er noch 2000 Franken brauche. Er hätte nicht genügend Geld, um nach Nigeria zu reisen. Es entstand eine Riesendiskussion im Auto. Céline war wütend. Wieso kam er erst jetzt mit diesem Geld? Und woher die 2000 Franken nehmen? Ihre Schwester offerierte, ihnen das Geld auszuleihen, und so fuhren sie noch zu einem Bankomaten. Rex drohte, die Reise abzubrechen, aber so kurzfristig hätten sie keine Rückerstattung der Tickets erhalten. Es war wie immer: Alles war geplant und dann kam eine unangenehme Überraschung. Zum Glück kamen nicht noch weitere Unannehmlichkeiten und wie geplant bestiegen sie den Flieger.

In Lagos am Flughafen wurden sie erstmals von uniformierten Flughafenangestellten mit Maschinengewehren empfangen. Die Atmosphäre war ungemütlich und soweit Céline das mitbekam, musste Rex immer wieder einem dieser Angestellten Geld bezahlen. Natürlich war ein Naira nicht viel wert, trotzdem hatten sie eine beschränkte Reisekasse und sie ging davon aus, dass auch Rex' Familie noch Geld sehen wollte. Sie mussten erst in Lagos übernachten, bevor es weiter nach Benin City ging. Dort lebte Rex' Familie. Sie waren todmüde, als sie im Hotel ankamen. Afrika war laut, überfüllt und überall an den Häusern liefen die Stromgeneratoren. Rex und Céline nahmen sich ein Zimmer, ihre Schwester und die Tochter schliefen im Zimmer gegenüber.

Rex ging nach unten an die Bar, er hatte Angst, dass das Bargeld von 2000 Franken sonst geklaut werde. Céline blieb oben, als plötzlich im angrenzenden Zimmer ein lauter Streit zwischen einem Mann und einer Frau ausbrach. Céline trat an die Wand und sah, dass es neben dem Kleiderschrank einen Spalt gab. Sie sah, wie sich die Frau über das Geld beschwerte. Es handelte sich anscheinend um eine Prostituierte und ihren Freier. Sie stritten sich um die Zahlung. Anscheinend wollte die Frau mehr und der Kunde hatte nicht mehr dabei. Was für ein Start in Afrika. Es

„hatte" sie wieder! Es schien so, als würde sie dieses Thema bis nach Nigeria verfolgen.

Endlich wurde es ruhiger und Céline war gerade eingeschlafen, als sie hörte, wie Rex ins Zimmer trat. Er trat näher, dann übergab er sich neben dem Bett. Céline machte die Nachttischlampe an. Sie sah, dass er betrunken war. Super! Hoffentlich hatte er die 2000 Franken noch. Betrunken wie er war, hätte ihn jeder beklauen können. Er fiel ins Bett, ohne sich auszuziehen, und schlief sofort ein.

Sie kontrollierte seine Brieftasche. Das Geld war noch da. Da es im Zimmer stank, wischte sie, so gut es ging, das Erbrochene auf. Schlussendlich legte sie sich ebenfalls hin.

Der Türsteher

Er saß auf dem Bettrand, Céline lag bereits ausgezogen, nur mit einem Frotteetuch bedeckt auf dem Bett.

Sie waren im Schlafzimmer schnell zur Sache gekommen, er hatte ihr das Oberteil abgestreift, den BH aufgemacht, ohne sich lange mit dem Verschluss abzumühen, was zeigte, dass er Erfahrung hatte. Dann nahm er ihre vollen Brüste in die Hand, während dem sie ihm die Hose öffnete und seinen erigierten Penis befreite. Er küsste ihre Brustwarzen und saugte so lange, dass sie ebenfalls erregt aus der Hose und Unterhose schlüpfte. Selbst noch fast komplett angezogen, entkleidete er sich in Windeseile, warf alles achtlos auf den Boden und stand da, splitternackt, nur in Socken, der Penis noch immer erigiert.

Was war denn jetzt, er behielt seine Socken an und drehte sich zu ihr. Socken im Bett und noch dazu weiße, was sollte das denn? Nichts törnte Céline mehr ab als Socken an den Füßen. Hatte er Warzen an den Füßen oder lackierte Nägel? Als sie das erste Mal bei einem Mann lackierte Zehennägel gesehen hatte, wunderte sie sich etwas. Dann aber musste sie sich von ihren eigenen Vorurteilen befreien. Wieso hatte ein Mann nicht das Recht darauf, sich zu schminken oder die Nägel zu lackieren? In der Tierwelt waren es auch die Männchen mit dem auffälligen Gefieder, in vielen afrikanischen Kulturen war es normal, dass Männer sich schminkten und mit Schmuck behängten. Doch hier lag der Fall anders. „Ich friere so schnell", meinte er etwas beschämt auf ihre Frage. Ein Mann, der fror, auch ungewohnt, normalerweise war Frauen schneller kalt, eventuell gehörte er zu der Sorte Männer, die zu schnell kamen. Céline sagte nichts dazu, versuchte, die Socken zu ignorieren, aber die Vorfreude auf den eigentlichen Akt war vorbei für sie. Er legte sich zu ihr aufs Bett, zog die Bettdecke über sie beide und mit der Missionarsstellung zufrieden, erreichte er schnell den Höhepunkt.

Gemeinsam zogen sie sich an und verabschiedeten sich voneinander. Er hatte offensichtlich ein schlechtes Gewissen, erzählte von seiner Frau und den drei Kindern, davon, dass er trotz zweitem Job nicht verhindern konnte, dass die Frau auch arbeiten musste. Die Schweiz war für Normalverdiener teuer. Sein einziger Luxus war sein Alfa Romeo, er hatte ihn als Gelegenheitskauf erworben und seither gehegt und gepflegt. Die Frau gehörte kulturbedingt ins Haus und dass er nicht genug verdiente, um die Familie zu ernähren, nagte an seinem Stolz. Dabei erging es ihm aber wie vielen anderem in einem Land, in dem ein Einkommen nicht reichte, die Lebensunterhaltskosten zu bestreiten, angefangen von überteuerten Mieten, zu hohen Krankenkassenprämien bis zu horrend hohen Zahnarztrechnungen, teuren Pflegeprodukten und qualitativ guten Lebensmitteln, alles kostete so viel mehr als in den angrenzenden Ländern. Sie würde ihn gezwungenermaßen wiedersehen. Er arbeitete als Türsteher in dem Tanzlokal, in dem sie oft verkehrte und häufig Männer aufriss. Der Vorteil als Türsteher war, dass er in Kontakt kam mit gut aussehenden Frauen und eventuell ab und zu eine davon abbekam. Seine Frau, zu Hause mit den Kindern, würde nichts davon mitbekommen, außer sie kontrollierte seine Kreditkartenausgaben oder sein Handy. Aber dieses war sicher meistens ausgeschaltet.

Afrika 4

Nach fünf Jahren reichte Céline die Scheidung ein. Sie wechselte das Türschloss, packte Rex' Hab und Gut und informierte ihn über die bevorstehende Trennung. Er war abwesend auf Reisen, das war auch gerade der Grund für diesen Zeitpunkt. Sie wusste, dass sie auf Widerstand stoßen würde. Der erste und wohl ausschlaggebende Grund dafür war, dass die Zeit der gemeinsamen Ehejahre nicht ausreichen würden, um für ihn den Schweizer Pass zu erhalten. Eventuell ließ sich das Ganze mit einer gerichtlichen Trennung aufschieben. Sie wollte ihm den Zugang zum Pass nicht verweigern, aber sie hielt dieses Eheleben einfach nicht mehr aus und freiwillig würde er die gemeinsame Wohnung nicht verlassen. Es war bequem, von der Ehefrau finanziert zu werden und gleichzeitig tun und lassen zu können, was er wollte. Doch für sie ging es nicht mehr und es war nur eine Frage der Zeit, bis er nicht nur sie, sondern auch die Kinder schlagen würde. Sollte das der Fall sein, würde sie ihn gar umbringen. Sie kannte sich und die in ihr schlummernden Aggressionen nur zu gut. Sie würde es nicht zulassen, dass er die Kinder anrührte. Daher war es höchste Zeit für die Trennung. Ein weiterer wichtiger Grund für seinen Widerstand waren die Kinder, notabene der erstgeborene Sohn, der in seiner Kultur eminent wichtig war. Rex hatte sich zwar nie groß um die Kinder gekümmert, aber nach afrikanischem Recht gehörten die Kinder dem Vater. Rex kehrte von seiner Afrikareise zurück, von der Trennung hatte er bereits via Handy erfahren. Er kam bei einem Freund unter. Anfangs terrorisierte er sie telefonisch. Da das nichts brachte, kam er eines Tages vorbei und trat die Haustür ein. Er drohte sie umzubringen, dann verlegte er sich darauf, zu jeder Tages- und Nachtzeit an der Tür zu klingeln. Die Nachbarschaft beschwerte sich ob der ständigen Lärmbelästigung. Sie richtete ein polizeiliches Arealverbot ein, blockierte das Telefon und informierte die Schule.

Ohne Begleitung durfte er die Kinder nicht mehr sehen. Das Besuchsrecht war wegen der Entführungsgefahr eingeschränkt. Rex verlegte sich darauf, ihr zu drohen, sich selbst umzubringen. Der afrikanische Schwiegervater erinnerte sie via Telefonanruf aus Nigeria daran, dass die Kinder zum Vater gehörten. Danach brach sie den Kontakt nach Nigeria ab. Das Land mit den farbenfrohen Kleidern, der eindrücklichen Natur, den fröhlichen Menschen und der artenreichen Tierwelt würde sie so schnell nicht mehr sehen. Céline passte als europäische Frau auch nicht dorthin. Ihr Schwiegervater hatte vier Ehefrauen und von jeder Ehefrau acht oder mehr Kinder. Er war sozusagen verarmt mit den vielen Frauen. Die jüngste Frau, Rex' Mutter, war von ihren Eltern verheiratet worden und hätte sie die Wahl gehabt, sie hätte sich einen anderen Mann ausgesucht.

Sie war halb so groß, ein Drittel so alt und viel zu hübsch für ihren Mann. Doch sie war nicht gefragt und von ihren Eltern einfach zwangsverheiratet worden.

Was im Jahre 1996, in dem Jahr als Céline das erste Mal in Nigeria war, noch praktiziert wurde, war die Frauenbeschneidung. Sie hätte daher ihre Tochter nie unbeaufsichtigt bei der afrikanischen Großmutter, noch sonst bei weiblichen Verwandten gelassen. Unvorstellbar, dass die Frauen mit einer Rasierklinge den Mädchen die äußere Klitoris entfernten und die Klitorisvorhaut. Unvorstellbar auch, dass die vaginale Öffnung verengt wurde durch das Zusammennähen der inneren Schamlippen, um die Wunde dann wieder notdürftig zu versorgen. Was war das für eine Kultur, die den Frauen die Lust verbot? Eine Kultur, in der der Mann das Sagen hatte, selbst über die weibliche Lustempfindung. Viele afrikanische Frauen wehrten sich dagegen, mittlerweile viele jüngere afrikanische Männer ebenso. Es war ja beidseitig kein tolles Gefühl, Geschlechtsverkehr mit Schmerzen zu haben, weder für denjenigen, der die Schmerzen verursachte, noch für diejenige, die sie empfand. Die jüngere Bevölkerung wehrte sich mittlerweile auch gegen die Stammeskennzeichen, die jeweils auf die Wangen geschnitten wurden. Rex und alle seine Brüder und Schwestern hatten diese Kennzeichen, Narben auf den Wangen, die von Rasierklingen her stammten. Sie gehörten zum Edo Stamm in Nigeria. Benin City war die Hauptstadt des Bundesstaates Edo.

Nigeria hatte mit ca. 250 ethnischen Gruppen und Stämmen eine Vielfalt an Sprachen und Gepflogenheiten.

Céline hatte kein Recht, eine andere Kultur zu verurteilen, aber sie hatte das Recht, mitzuteilen, was sie für ihre Kinder wollte oder eben nicht. Sie hatte wie viele Frauen den Fehler gemacht, die kulturellen Unterschiede in einer Schweiz-Nigeria-Ehe zu unterschätzen, und es war wohl auch blauäugig von ihr, dass sie meinte, er könnte dem finanziellen Druck, den er durch seine Familie und seine Herkunft automatisch hatte, standhalten. Was sie ebenso unterschätzt hatte, war, welches Suchtpotenzial Europa auf einen Afrikaner haben konnte, sobald er hier war. Die Konsumsucht, egal was und in welcher Form: Markenartikel und tolle Autos, die große Freiheit im Umgang mit dem Ausgehen, Frauen und Alkohol. Das Angebot war überwältigend, wenn man aus einem Land stammte, in dem man vieles nur vom Fernseher her kannte, das aber nicht zur Realität wurde.

Die Scheidung zog sich zwei Jahre hin. Nach der gerichtlichen Trennung war klar, dass Rex erst in eine solche einwilligen würde, wenn er den Schweizer Pass hatte.

Er war dann auch nicht bereit, freiwillig Alimente zu bezahlen. Seine Gründe dafür waren richtig bemitleidenswert. Er behauptete – wie schon einmal zuvor –, nicht der Vater der Kinder zu sein. Er bestritt, überhaupt ein Einkommen zu haben, um nichts bezahlen zu müssen.

Céline war nur froh, als sie endlich nach fast sieben Jahren einen Schlussstrich unter diese unerfreuliche Geschichte ziehen konnte. Die Kinder waren gerade vier und sechs Jahre alt. Sie war jetzt alleinerziehend und hatte zwar mehr Verantwortung und weniger Geld, dafür aber nicht noch eine Person, die sie mitfinanzieren musste und mit der sie nur Ärger gehabt hatte.

Einen Menschen, der sie von Anfang an belogen hatte über seine Herkunft, seine „Noch-Beziehungen", seine Geschäfte.

Sie hatte nach dem anfänglichen Groll schlussendlich nur noch Mitleid mit ihm. Rex wurde zwei Jahre nach der Scheidung von einem alkoholisierten 17-Jährigen angefahren. Nicht angegurtet zur Zeit des Unfalles flog er kopfüber durch die Windschutzscheibe und litt infolgedessen unter einem Schleudertrauma. Er wurde zum IV-Rentner, nahm also die Invalidenpension in Anspruch. Für Céline hieß das, dass die ohnehin niedrigen Kinderalimente zu IV-Kinderrenten wurden. Ansonsten änderte sich nichts. Frauenalimente hatte sie sowieso nicht erhalten, da sie berufstätig war. Ihre IV- und Pensionskasse musste sie für die fünf Jahre, in denen sie mit ihm verheiratet gewesen war, mit ihm teilen. Zum Glück war es nicht länger gewesen. Die Kinderrenten, die sich nach dem 12. Ehejahr pro Kind von 450 Franken auf 700 Franken erhöht hätten, wurden nun als IV-Kinderrente gekürzt auf 650 Franken. Bezahlt wurde das Ganze so oder so vom Staat. Die Stadt Zürich hatte im Gegensatz zu anderen Schweizer Städten eine Alimentenbevorschussung. Das hieß, die Stadt bezahlte die Alimente und trieb sie dann beim Vater wieder ein. Das war ein Glück für Céline, ansonsten hätte sie kein Geld gesehen.

Rex heiratete nach relativ kurzer Zeit zum zweiten Mal. Er holte sich eine Frau aus dem Osten. Wieder wurde er zweimal Vater. Auch diese Ehe hielt nicht. Célines Kinder hatten somit Halbgeschwister. Diejenigen, die in der Schweiz lebten, kannten sie.

Wie viele noch in Afrika waren, wussten sie nicht.

Es sollte ganze zwanzig Jahre dauern, bis sie Rex wieder einmal sah. Es war nicht einmal die Enttäuschung darüber, dass er es nicht schaffte, für seine Kinder ein richtiger Vater zu sein, auch nicht das Unverständnis, dass man sich den Drogen hingab und nicht versuchte, sich davon zu befreien. Es war mehr das Desinteresse ihm gegenüber, das sie davon abhielt, den Kontakt zu ihm zu suchen. Er war lediglich der Vater ihrer Kinder, mehr nicht.

Das hieß aber nicht, Afrika als Ganzes abzulehnen oder die afrikanische Mentalität. In ihrem Freundeskreis waren noch mehr schwarz-weiß gemischte Ehen, jedoch war keine vor der Scheidung gefeit.

Wahrscheinlich würde es erst eine andere Generation schaffen, die kulturellen Unterschiede zu überwinden. Und es gab sicher afrikanische Väter, die die Verantwortung für ihre Kinder wahrnahmen. Leider gehörte der Vater ihrer Kinder nicht dazu.

Der Gentleman

Im Viersternehotel empfing sie John mit Rosen in der Hand. Sanft umschlang er ihre Taille, sein Kopf reichte knapp über ihre Schulter. Sie hatte extra flache Schuhe angezogen. Gemeinsam betraten sie den Lift und fuhren hoch zur Suite, sie mit einem kleinen Rollkoffer, er ohne Gepäck. Sie hatte sich nach seinen Vorlieben erkundigt. Er wollte von allem etwas, Sextoys, eine Massage, schöne Dessous. In ihrem Koffer waren Bauchtanztücher aus Istanbul, Massageöle, rote Dessous und ihre roten obligaten High Heels. Im Zimmer angekommen, traute Céline ihren Augen kaum. So viel Aufwand hatte noch keiner ihrer Kunden betrieben. Das Bett war mit Rosenblättern übersät. Auf dem Tisch war der Champagner kaltgestellt, daneben stand Gebäck zum Knabbern und über dem Raum schwebte ein Herzballon. Im Hotelzimmer verteilt brannten Duftkerzen, das Licht war gedimmt. John schaute sie erwartungsvoll an. Seine vollen braunen Locken hatte er aus dem Gesicht gestrichen und er trug etwas Kajal, um seine braunen Augen zu betonen. Aber er sah auch sehr gut aus, mit dem strahlenden Lächeln, dem großen Gebiss und den offenen Zügen. Sie strahlte zurück und küsste ihn, was sie sonst vermied. Er umschlang sie und sie versprach ihm im Gegenzug eine Stripshow.

Sie hatte im Handy verschiedene Musikstücke zusammengestellt und bat ihn, seine Lieblingslieder auszusuchen. Dann verschwand sie ins Bad, um sich umzuziehen. Nach ein paar Minuten war sie zurück. Er hatte es sich auf dem großen Bett bequem gemacht und im Hintergrund lief jetzt leise Musik.

Sie zog die Vorhänge zusammen und begann sich zum Takt der Musik langsam zu bewegen. Sie hatte einen Bauchtanz-BH angezogen mit glitzernden Pailletten, dazu passend der Rock. Langsam ließ sie einen Träger über die Schulter gleiten, dann befreite sie ihre linke Brustwarze und strich darüber, sodass sie steif wurde, dabei bewegte sie die Hüfte so, dass auch die Oberschenkel sichtbar wurden. Der rechte Träger rutschte über die Schulter, sie öffnete den BH und oben ohne, nur noch mit einer Hüftkette und dem durchsichtigen Rock bekleidet, tanzte sie so, als wäre sie an einer Stange. So lange hatte sie die Striplokale besucht, dass ihr die Bewegungen in Fleisch und Blut übergegangen waren. Es war schön, nur für einen einzigen Mann zu tanzen, nicht für mehrere ältere Kunden, die sie angafften.

Mit der rechten Hand strich sie über die Schenkel und löste den Rock, der zu Boden fiel, nur noch im Tanga und oben ohne drehte sie sich und spreizte ihre Beine so, dass sich ihr Hinterteil aufreizend nach oben reckte. Mit den High Heels wirkten ihre Beine noch länger, als sie ohnehin schon waren. Dann drehte sie sich um und setzte sich auf den Tisch. Céline begann langsam ihre Möse zu streicheln und sah John dabei zu, wie er seinen Gürtel und den Knopf an der Hose zu öffnen begann. Er war erregt, der Penis erigiert. Er stand auf, trat zu ihr an den Tisch und nahm ihre Brustwarzen in den Mund. Er packte ihren Po und drehte sie wieder um. Er begann sich an ihr zu reiben, ohne in sie einzudringen, dann holte er ein Kondom. Seine Ausdauer war enorm, nachdem er gekommen war, leckte er sie zum Höhepunkt. Dann wollte er zuschauen, wie sie sich selbst mit dem Vibrator noch einmal befriedigte und schon wieder stand der Penis, diesmal zog sie ihm den Penisring über und kettete ihn in Handschellen ans Bett, die Augen verbunden. Sie begann den Po, die Hodensäcke, den Penis und seine Brustwarzen zu massieren. Dann brachte sie ihn rittlings noch einmal zum Kommen.

Zweitleben

Céline liebte die Atmosphäre in den Clubs, das gedämpfte Licht, die leise Hintergrundmusik, die erwartungsvollen Blicke, wenn ein neuer Gast eintrat. Sie liebte die roten Plüschsessel, die durch schwere Vorhänge abgeteilten Nischen mit den Marmortischchen und die schwere Holztür, an der die Türsteher standen und die Kunden checkten, bevor sie eintreten durften. Der Raum war von Kerzen beleuchtet und in der Mitte neben einer großen, langen Bar befand sich die Stange, an der schon allein durch die Bewegung der wippenden Brüste und knackigen Hintern die Kunden in Stimmung gebracht wurden. Die Vielfalt der Getränke an der Bar hatte sie schon als Kind beeindruckt, die diversen Flaschen in leuchtenden Farben, der Barkeeper, der souverän tropische Cocktails genauso wie einen teuren Whisky, einen Negroni oder einen Gin servierte. Die Namen aller Getränke lernte sie erst im Laufe der Jahre. Sie würde aber selbst nie einen Tropfen Alkohol anrühren. Zu sehr hatte sie Angst vor der Wirkung dieser Getränke. Zu oft hatte sie den glasigen Blick der Kunden und der heruntergekommenen Freudenfrauen gesehen. Zu zahlreich wurden alkoholisierte Kunden von einem Security- Mann auf die Straße gesetzt.

Die Wellnesstempel mit den Whirlpools, dem orientalisch angehauchten Ambiente, die diversen Lustgemächer, die nach Themen eingerichtet waren, mit den schweren Vorhängen, der indirekten Beleuchtung, den riesigen Betten und großen Lüstern, wurden ein zweites Zuhause. Céline war in dieser Welt des Schauspiels groß geworden und dort hängen geblieben. Diese zwei Welten, tagsüber in der Schule, nachts in Clubs oder Hotelzimmern, galt es streng zu trennen. Das eine war die Untergrundwelt, das andere das normale Leben. Sie hatte zwei Handys, das private,„öffentliche" und das Zweithandy für die nächtlichen Kontakte. Die Gefahr entdeckt oder irgendwo erkannt zu werden, war relativ klein. Traf sie einen ihrer Kunden in der Öffentlichkeit, wurde weder gegrüßt, noch gab es irgendein Zeichen des Erkennens. Es war im gegenseitigen Interesse, dass alles anonym blieb. Männer wollten nicht gesehen werden, wenn sie Sex kauften und in Bordelle gingen. Sie wollten nicht auf der Straße in Begleitung der Ehefrau, der Freundin oder der Familie erkannt werden.

Einmal traf sie auf eine Freundin. Sie war in Begleitung eines Marathonläufers. Ruhig stellte sie ihn vor, ohne jedoch zu erklären, in welcher Beziehung sie standen. An den Wochenenden, wenn sie in ein Tanzlokal ging, achtete Céline darauf, dass sie von niemandem fotografiert wurde. Manchmal kam es vor, dass beim Ausgehen fotografiert wurde, dann sprach sie die Person an und bestand darauf, dass die Person das Bild löschte, wenn sie auf dem Foto war. Fern von Zürich wählte sie die Erotikläden aus, um neue Toys auszuprobieren und diese bei Kunden einzusetzen. Sie liebte es, verruchte Kleidung anzuziehen und sich vor dem Ausgehen die Augen mit Make-up in Szene zu setzen. Sie besaß Lidschatten in hellen, schimmernden Nuancen, dunkle Eyeliner und schwarzen Mascara. Später – mit dem Onlinehandel und den harmlos etikettierten Paketen – wurde es einfacher, Erotiksachen zu bestellen, und seit dem Buch und Film „Fifty Shades of Grey" bestellten alle mit Leidenschaft Toys, um ihr Sexleben aufzubessern.

Leider hatte Céline eine viel zu helle Hautfarbe und besaß nicht das rabenschwarze Haar der brasilianischen Frauen, das die Kunden so anzog. Ihr Vorteil waren die langen Beine und der durchtrainierte Körper, sodass sie auch nach dreißig noch keine Orangenhaut hatte. Nach dreißig war es schwierig, noch jüngere Kunden abzubekommen, und ab vierzig gab es nur noch die älteren Herren, die sich nicht an die jungen Mädchen wagten.

Nachts auf die Jagd zu gehen, wurde fast zur Sucht, wie auch in den Clubs zu schauen, wer die besten Kunden abbekam, wer als Erste ausgewählt wurde. Bei einem Mann den Druck zu beseitigen, seine Sorgen anzuhören, die Hemmungen abzubauen, das alles gehörte zum „Daily Business".

Einmal wollte ein Kunde, dass er zuschauen konnte, wie sie seine Ehefrau befriedigte, das war ihr erster Sex mit einer Frau. Die Frau hatte sich noch nie selbst zum Orgasmus gebracht. Sie fühlte sich sehr unwohl, als Céline unter den Blicken des aufgeregten Ehemannes vorsichtig die Schamlippen und die Klitoris der Frau mit den Fingerspitzen zu streicheln begann. Als sie spürte, dass die Scheide feucht wurde, holte sie einen geräuscharmen Vibrator hervor und stellte ihn auf die schwächste Stufe. Sie knetete ihr die linke Brust und fuhr mit dem Vibrator langsam und vorsichtig über die Klitoris. Die Kundin wand sich zur Seite, die Brustwarzen wurden hart, abwechslungsweise mit den Fingern und dem Vibrator brachte Céline die Frau zum Höhepunkt. Die Frau hatte Angst, dass der Druck des Vibrators zu stark würde, und das hieß für Céline, sich vorsichtig heranzutasten. Fast zeitgleich mit dem Orgasmus der Frau spritzte der Mann auf dem Sessel ab. Sie hoffte, dass die beiden in Zukunft genug Zeit haben würden, um auch der Frau einen Genuss zu vermitteln.

Célines Vorwurf aber galt den Frauen. Diese kannten ihren Körper meistens nicht so gut, mussten erst mal selbst ausprobieren, bevor sie dem Mann vorwarfen, zu wenig erfahren zu sein. Jeder Kitzler lag anders, jede Frau hatte ihre eigenen erotischen Empfindungen. Eine Frau zum Orgasmus zu bringen war um einiges schwieriger als einen Mann, außer er hatte gesundheitlich oder altersbedingt Mühe mit der Erektion. Es gab auch Vorhautverengungen, die einem Mann Schmerzen bereiten konnten und die operativ behoben werden mussten, aber im Großen und Ganzen kam ein Mann schneller. Dafür erholte sich eine Frau schneller als der Mann oder blieb länger erregt.

Céline ging sich duschen, das Paar kleidete sich an und gemeinsam verließen sie den Club.

Ein Zweitleben zu führen hieß auch, bei der Gesundheit Abstriche zu machen, weniger Schlaf oder Schlaf herbeigeführt durch Tabletten. Es bedeute, ein beschränktes Sozialleben zu führen, denn welche Partnerschaft vertrug auf die Länge ein Doppelleben der einen Person? Es bedeutete auch, Geschichten zu erfinden und Lügen aufzutischen, zum Schutze des Umfeldes.

Das Walross

Er war fast zwei Meter groß und dick. Nicht so, dass es schwammig wirkte, alles war massig, sogar der Bauch war groß und hart. Breitschultrig, mit kräftigen Händen und einer Hakennase, wirkte er sehr selbstbewusst. Seine Haut war gebräunt, die Haare dicht und dunkelblond. Er sah gut aus und wusste das auch. Das Hemd hatte er leicht geöffnet, die Haut glänzte, er war schon länger auf der Tanzfläche, dann trat er auf die Seite, um die anderen Tanzenden zu beobachten. Er war in Begleitung von Freunden. Céline war er aufgefallen, weil er die Menge überragte. Sie war ebenfalls in Begleitung von Freunden, nicht wirklich auf der Suche nach einem Mann. Immer wieder mal hatten sie Blickkontakt. Seine hellblauen Augen fixierten sie minutenlang. Sie war nicht zu übersehen in der Menge, mit ihren lockigen Haaren, der gertenschlanken Figur, in einem schwarzen Minirock, die langen Beine in kniehohen Lederstiefeln. Das Top bauchfrei und mit Piercing im Bauchnabel, freizügig gekleideter als manche der anderen Frauen, aber trotzdem nicht billig, hatte sie sich eigentlich mit John, dem Gentleman, verabredet, da sie ein freies Wochenende genoss.

Er trat zu ihr und stellte sich mit Adam vor. Es war bereits gegen 23 Uhr und Céline war eigentlich schon halb im Begriff aufzubrechen. Doch irgendetwas faszinierte sie an dem Mann, ihr Jagdinstinkt war geweckt. Adams Vater stammte aus Ägypten, daher die dunklere Hautfarbe und die markante Nase. Seine Mutter war Schweizerin, von ihr hatte er die hellen Haare und die hellblauen stechenden Augen. Er war auch aus der Nähe gut aussehend, oft konnte es sein, dass die Fernsicht das Aussehen beschönigte. In diesem Fall war eher das Gegenteil der Fall, er wirkte wie ein Raubtier auf der Jagd, mit seinem umwerfenden Lachen, den blitzenden Augen und der gespannten Körperhaltung. Seine Freunde traten zu ihm, sie wollten gehen. Sie bemerkte sein Dilemma, mitzugehen oder zu bleiben. Die Gefahr, einen Korb von

Céline zu erhalten, bestand ja auch noch. Adam vertröstete die Freunde und Céline trat mit ihm ins Freie, da drinnen die Lautstärke der Musik ein normales Gespräch verhinderte. Adam fragte sie, ob sie Lust habe, mit ihm auf ein Glas Wein zu kommen. Es war klar, dass er mehr wollte, als bloß mit ihr Wein zu trinken.

Er besaß in Zürich-Altstetten ein Mehrfamilienhaus. Seine Familie war reich und mütterlicherseits stammte er aus einer alteingesessenen Apothekerfamilie. Die Eltern lebten getrennt und er, als Sohn, war Immobilienverwalter einiger ihrer Liegenschaften. Im Altstetter Mietshaus stand zurzeit gerade eine Wohnung leer und er konnte in seinem Büro den Hausschlüssel holen. Eigentlich wäre ihr ein Hotel lieber gewesen, da wäre im Notfall eine besetzte Rezeption zur Stelle gewesen. Sie hatte nichts dabei in ihrer Handtasche, keinen Pfefferspray, kein Taschenmesser. Sie kannte ihn zu wenig und im Falle einer Auseinandersetzung wäre er ihr körperlich weit überlegen gewesen. Sie hätte allenfalls wegrennen können. Schlussendlich willigte sie ein mitzufahren.

Sie konnte sich nicht vorstellen, dass er Perversitäten wünschte oder Schlimmeres vorhatte. In einem Hotelzimmer wären immer noch andere Gäste, in einem Mietshaus andere Mieter, aber falls er die Wohnung abschließen sollte, käme sie nicht einfach raus. Sie würde darauf achten, dass die Tür offen bliebe.

Er fuhr einen großen blauen Mercedes und hielt galant die Beifahrertür auf. Sie waren zu spät dran, um noch auf die Schnelle ein Hotelzimmer zu mieten. Beide waren schweigsam während der Fahrt. Er hatte keine Freundin und wollte auch keine. Aus einer verflossenen Beziehung hatte er einen Sohn, war aber nicht sicher, ob es sein Kind war. Er war recht wortkarg, sie musste ihm alles aus der Nase ziehen. Er ging gegen die vierzig zu, sah aber mit dem faltenlosen Gesicht aus wie Ende zwanzig.

Sie hielten vor einem grauen Mehrfamilienhaus. Im Dunkel der Nacht sah es recht heruntergekommen aus, die Fassade war abgeblättert. Es lag an der Hauptstrasse. Mittlerweile war es gegen 1 Uhr morgens. Er holte den Schlüssel aus dem Büro und sie fuhren in den 3. Stock, die Wohnung war mit einer Garderobe und einem Schuhschrank zweckmäßig eingerichtet, sogar Bilder hingen an den Wänden. Neben dem Korridor war ein Schlafzimmer mit einem Doppelbett, eine kleine Toilette mit Dusche und die restlichen Zimmer standen leer. Alles sah unbenutzt aus und sie mussten erst lüften. „Das sind noch die Möbel vom vorherigen Mieter!", sagte er. Sie betraten das Schlafzimmer und er begann Céline zu entkleiden. „Du bist richtig durchtrainiert. Ich mag schlanke, große Frauen und deine Beine sind der Hammer", sagte er.

„Kein Gramm Speck am Körper. Die gute Figur und ein Sixpack kann ich dir leider nicht bieten. Aber ich habe eine gute Kondition. Ich kann es dir die ganze Nacht besorgen, wenn du mithalten kannst." Céline schwieg. Was sollte das denn werden, ein Wettkampf im Bett? Wer hatte die bessere Kondition? Wer hatte mehr Orgasmen? Sie war gespannt, wahrscheinlich wieder ein Angeber, der bereits nach dem zweiten Mal abspritzen eine lange Pause brauchte. Er zog sich aus und sein Bauch war noch größer, als er unter dem Hemd gewirkt hatte, Sport schien nicht seins zu sein. Die Beine waren kräftig, die Arme ebenso muskulös und dank dem noch jugendlichen Alter wirkte das Ganze noch nicht abstoßend, er hatte gute Gene. Aber mit den Jahren würde der Bauch schwabbelig und das Fett an den Armen würde dann hängen.

Er legte sich aufs Bett und wollte geritten werden, er liebte es, ihre wippenden Brüste zu betrachten, dann packte er sie etwas zu fest. „Weniger Druck bitte, ziehen und kneten ist okay, aber nicht so hart", bat sie ihn. Er drehte sie um und nahm sie von hinten. Sein Penis war riesig, wie alles an ihm. Immer und immer wieder stieß er ihn in sie hinein. Er hatte nicht übertrieben. Zwei Stunden später, sie hatten das dritte Kondom weggeworfen, eine Flasche Mineralwasser geleert und zwischendurch mal kurz geduscht, war er bereits wieder erregt. So ging das bis in die frühen Morgenstunden. Es war bereits sechs Uhr.

Céline hatte eigentlich langsam genug. Ihre Scheide war mittlerweile trocken, sein Penis war ihr fast zu groß. Er schien nicht zu bemerken, dass sie keine Lust auf weiteren Sex hatte. Alles in ihr schmerzte, dadurch, dass sie trocken war und er immer wieder viel zu fest in sie einstieß, spürte sie ihre Gebärmutter.

Sie kannte diese Schmerzen bereits aus ihrer Ehe und aus früheren Zeiten. Sie biss die Zähne zusammen und ließ sich nichts anmerken. Unbewusst hielt sie den Atem an und durch den Sauerstoffmangel gelang es ihr, die Schmerzen zu unterdrücken und die Szene wie von oben zu beobachten, außerhalb ihres Körpers. Diese Methode hatte sie schon als Kind angewandt, wenn sie Schmerzen hatte, wenn sie etwas nicht ertrug. Sie hielt den Atem an, fixierte etwas im näheren Blickfeld und weg war sie, raus aus einem Körper, der störte. Mit dieser Methode ertrug sie vieles, im Sport, im Geschlechtsverkehr, im Alltag. Sie hatte schon in ihrer Kindheit gelernt, Schmerzen auszuhalten, Tränen zu unterdrücken und keine Gefühle zu zeigen.

Ein Opfer würde sie nicht sein. Nie weinerlich, nie dem Gegenüber zu spüren geben, dass er stärker war. Ihm nicht die Befriedigung geben, dass er Macht hatte. Einstecken und den Schmerz nicht zeigen, das kannte sie.

Endlich war er fertig, drehte sich auf die Seite und nickte ein. Kurz vor acht Uhr standen sie auf. Sie duschten nacheinander, er machte ihr einen Kaffee. Wortlos beglich er die Rechnung, fragte sie, wohin er sie fahren könne, und sie verließen die Wohnung. Sie stiegen in sein Auto. Sie wollte nur noch nach Hause, ein weiteres Treffen mit ihm hatte sie nicht vor. Sie fühlte sich gerädert und ausgenutzt. In solchen Momenten hasste sie sich, hasste sie, was sie tat, wünschte sich, nur noch freiwillig Sex zu haben.

Einvernehmlichen, schönen Sex, sie wünschte sich einen Mann, der sie verwöhnte, der sie nach ihren Wünschen fragte und für den sie die Einzige war. Sie wollte keinen Mann mehr, der sie wie ein Stück Fleisch behandelte, der nur an seine Befriedigung dachte.

Am Hauptbahnhof stieg sie aus, sie verabschiedeten sich kurz und er fuhr weg. Mit seinem langen dunkelbraunen Mantel, dem dicken Hals und den kurzen Haaren, mit dem massigen Körper und den zu kurzen Gliedern sah er aus wie ein Walross. Genauso verhielt er sich auch, gefühllos, kalt und in seiner eigenen Welt. Ihre Wege würden sich nie mehr kreuzen. Sie verdrängte die Nacht aus ihren Gedanken und beschloss, sich ihre gewohnte Auszeit zu nehmen, bevor sie in den Alltag mit Arbeit und Haushalt zurückkehrte.

Am Nachmittag hatte sie Unterricht, der Morgen gehörte ihr. Sie kehrte nach Hause zurück, zog ihren Jogginganzug an und machte sich auf in den Wald. Dort rannte sie für zwei Stunden, bis ihr Kopf frei war, bis ein Glücksgefühl durch den ganzen Körper strömte.

Sport half ihr, die Balance zu halten. Im Wald war sie alleine, sie spürte ihren Körper und das gleichmäßige Schlagen der Füße auf den Boden brachte eine Monotonie, die sie brauchte, um den Kopf abzuschalten. Sie rannte hoch, bis sie den Üetlibergkamm erreichte, dann kehrte sie um. Es war feucht und neblig, wenige Spaziergänger waren unterwegs, einige nur, weil sie ihre Hunde ausführen mussten. Sie war alleine und die Stille des Waldes beruhigte sie, wie immer, wenn sie aufgewühlt war und unzufrieden mit sich und ihrem Schicksal. Es hätte ja schlimmer sein können, er war nicht pervers gewesen, vielleicht hätte er sogar aufgehört, wenn sie es verlangt hätte. Es brachte nun nichts mehr, wenn sie sich Vorwürfe machte. Solchen Männern wäre zu raten, allein zu bleiben.

Der Einsame

Sie lernten sich beim Kerzenziehen im Kulturzentrum Helferei in der Kirchgasse kennen. Immer an Weihnachten war sie dort, um Bienenwachskerzen zu ziehen. Es war eine öffentliche Weihnachtsfeier, zugänglich für alle, mit der Absicht, dass keiner alleine und einsam zu Hause Weihnachten feiern musste. Die Feier war in einem riesigen Raum, geschmückt mit einem Weihnachtsbaum, später konnte man essen. Es gab ein Buffet mit verschiedenen Salaten, etwas Schinken und Bohnen. Aufgetischt wurde an Bänken und es war richtig voll im Raum. Menschen der verschiedensten sozialen Schichten versammelten sich da, vom einsamen IT-Supporter, neuzugezogenen Firmenangestellten, zu einsamen alten Menschen ohne Angehörige bis zu Familien, die nicht nur im privaten Kreis feiern wollten. Das Ganze wurde von vielen freiwilligen Helferinnen und Helfer begleitet.

Céline beugte sich über den Bienenwachstopf, schlicht in Schwarz gekleidet, als ein älterer Herr sie ansprach. Die Kinder standen bei der Kerzenaufhängevorrichtung und kontrollierten den Härtegrad der diversen Kerzen. Ab und zu rannten sie nach draußen, um zu spielen. Er musste gegen die fünfzig Jahre alt sein, war recht kräftig gebaut und seine Kleider sahen ärmlich aus. Er setzte sich später zu ihnen an den Tisch. Er lebte alleine in einer Zwei-Zimmer-Wohnung in der Nähe ihres Arbeitsplatzes in Adlikon. Er hatte keine Angehörigen, einen kleinen Freundeskreis und er war offensichtlich auf der Suche nach einer Freundschaft, eventuell auch mehr als nur einer Freundschaft.

Sie hatte Mitleid mit ihm und versprach, sich bei ihm zu melden. Es entwickelte sich langsam eine Freundschaft mit gegenseitigen Besuchen und sehr vielen Gesprächen.

Schließlich gestand er ihr, dass er sich in sie verliebt hätte. Sie musste ihm leider erklären, dass sie keine Beziehung mit ihm wollte und auch der große Altersunterschied von fünfundzwanzig Jahren ein Hindernis wäre. Außerdem war sie absolut nicht verliebt. Es hinderte ihn jedoch nicht daran, weiterhin zu hoffen, dass sich das irgendwann ändern würde.

Aus Mitleid mit ihm, der in keiner Beziehung lebte, bot sie ihm eines Nachmittags intime Momente an, rein freundschaftlich. Er legt sich steif auf den Rücken, war total verkrampft und entwickelte keine Eigeninitiative. Es reichte ihm, sie zu betrachten, ihre Brüste in die Hand zu nehmen, und dann brachte sie ihn mit einigen Handgriffen zum Kommen. Sie fühlte sich dabei unwohl, er war überhaupt nicht locker und lag starr wie ein verschrecktes Tier da. Er kleidete sich aus bis auf die Socken. Fror er oder wollte er seine Füße nicht zeigen?

Viele Kunden schämten sich wegen zu starker Körperbehaarung. Damals ging Mann nicht wie heute in ein Wachsstudio, um sich befreien zu lassen von den dichten Oberkörperhaaren. Es gab Männer, die fast wie Affen behaart, am Rücken, an den Armen, am Oberkörper, an den Beinen, unter der starken Körperbehaarung litten. Vielfach waren die Haare rabenschwarz und so dicht, dass das Lecken der Brustwarzen, das Lecken der nicht haarbefreiten Geschlechtsteile und das Streicheln der Arme und der Schulter seltsam waren, auch für Céline, die die zu starke Behaarung als unangenehm empfand. Es war so umständlich wie bei Frauen, die ihre Vollbehaarung im Schambereich stehen ließen aus kulturellen oder persönlichen Gründen. Beim Lecken Haare in den Mund zu bekommen oder beim Streicheln ständig an den Haaren zu ziehen, war ein Ablöscher für beide Seiten. Andere hatten Hemmungen wegen ungepflegten Füßen, eingewachsenen Nägeln, Warzen oder Dornwarzen an den Füßen, zu dicker Hornhaut, krummen Zehen … Es gab einiges, was die Füße unansehnlich machen konnte.

Beide waren erleichtert, als sie sich wieder bekleideten. Diesen Akt wiederholten sie nie mehr. Doch immer und immer wieder suchte er ihre Gesellschaft. Da sie Mitleid mit ihm hatte, traf sie ihn, was sie sonst nicht machte, auch privat. Sie lud ihn zu sich nach Hause ein, hörte ihm zu und erfuhr viel über seine traurige Kindheit. Aufgewachsen auf einem Bauernhof, war er von seinem Vater aufs Gröbste verprügelt worden, ohne dass die Mutter einschritt. Er musste seine Katzen ertränken. Als Jugendlicher kam er in eine psychiatrische Klinik, erhielt einen Vormund und mit dieser Vorgeschichte durfte er seiner großen Liebe nicht mehr näher kommen. Als die Eltern seiner Angebeteten erfuhren, dass er einen Vormund hatte, verboten sie ihr den Umgang mit ihm. So blieb er zeitlebens alleine, hadernd mit seinem Schicksal und auch mit seiner Unfähigkeit, dies nicht ändern zu können.

Erstaunlicherweise lebte er so bescheiden, dass Céline anfangs dachte, er sei bettelarm. Eines Tages zeigte er ihr ein riesiges Anwesen mit Bauernhof, Wald und Bauland, das sich an der Goldküste in bester Lage befand. Einen Teil des Grundstücks hatte er verpachtet. Für den Bauernhof mit dem dazugehörigen Grund erhielt er massenweise Briefe und Kaufangebote, doch er dachte nicht daran, ihn zu verkaufen, träumte er doch noch immer davon, ihn einmal mit der passenden Partnerin zu bewirtschaften.

Paul besaß mehrere Eigentumswohnungen und verschiedene Aktienpakete. Selbst aber lebte er in einer Mietwohnung, gönnte sich nur Werbefahrten als Ferien und lebte auch sonst extrem sparsam. Immer wieder versuchte er, Céline zu überzeugen, mit ihm zusammenzuleben. Doch sie blieb hart. Es brächte kein gutes Karma einfach nur des Geldes oder Vermögens wegen mit jemandem, den sie nicht liebte, zusammenzuziehen. Sie schätzte ihn lediglich als Freund mit Humor und einer bewundernswerten Sparsamkeit. Nach ihrer ersten Ablehnung vergingen einige Jahre mit spärlichem Kontakt. Im Alter von siebzig Jahren wurde bei ihm Prostatakrebs diagnostiziert. Der Krebs hatte sich bereits ausgebreitet und ganz im unteren Darmbereich befand sich ganz perfide ein tumorgroßer Ableger, der sich nicht operieren ließ, ohne den ganzen unteren Bereich zu beschädigen. Paul hätte einen künstlichen Darmausgang erhalten.

Ein Beutel, den er immer mittragen sollte, hätte gemäß ihm seine Männlichkeit verletzt und ihm seinen Oberkörper verunstaltet.

Von einem Spital zum anderen holte er Meinungen ein, doch die Ärzte konnten ihm keinen besseren Bescheid geben. Zu spät hatte man den Krebs entdeckt. Er entschied sich gegen eine Operation und somit war das Todesurteil gefällt. Vom Zeitpunkt der Erstdiagnose bis zum ersten Spitalaufenthalt verstrichen nur gerade zwei Wochen. Max überreichte Céline seinen Wohnungsschlüssel und bat sie, nach seiner Post und seinen Pflanzen zu schauen. So fuhr sie dreimal die Woche in das Dorf, in dem er lebte, und leerte den Briefkasten. Sie sortierte die Briefe und wichtige Post brachte sie ihm ins Krankenhaus.

Sie war über Jahre nicht mehr in seiner Wohnung gewesen und als sie diese das erste Mal betrat, erschrak sie über deren Zustand. Die Wohnung war zugemüllt und kaum begehbar. Er hatte alles gesammelt, von Plastiksäcken, Zeitungen, Prospekten, Glas- und Petflaschen zu Speiseresten, alten Kleidern und vielem mehr. Er war im wahrsten Sinne des Wortes ein „Messie", hatte es über Jahre nicht mehr geschafft, einen Haushalt zu führen, und sie musste sich einen Weg zur einzigen Pflanze schaffen, die er noch hatte. Auf dem Balkon, in der Küche, im Badezimmer, überall türmten sich die Gegenstände, das Badezimmer sah unbenützbar aus und das einzige, was nicht zugemüllt war, war ein Bett, das auch schon bessere Tage gesehen hatte. Wäre die Spitex, also die Pflegehilfe, gekommen, sie hätte unverzüglich die KESB, die Kindes- und Erwachsenenschutzbehörde, alarmiert. Sie verstand nun, wieso Max sie nie in die Wohnung gelassen hatte. Er wusste selbst, dass seine Wohnung nahezu unbewohnbar geworden war, und er fragte sie nach dem ersten Mal beschämt, ob sie überhaupt in die Wohnung gekommen sei. Sie sagte nicht viel zum Zustand der Wohnung, das hätte nichts mehr gebracht. Es war traurig, wie er gelebt hatte, und es war auch traurig, dass er sich nicht früher Hilfe geholt hatte. Für sie war klar, in diese Wohnung zurück konnte er nicht mehr und dementsprechend informierte sie auch (hinter seinem Rücken) seine Ärzte. Es gab niemanden, den sie kontaktieren konnte, und so wurde sie seine Sterbebegleitung. Die einzige Ansprechperson der

Ärzte und die Einzige, die für ihn entscheiden konnte. Als er immer schwächer wurde und die Frage nach einem Pflegeheim aufkam, ließ sie ihn mit seinem Einverständnis ins Zürcher Lighthouse verlegen, sodass sie ihn weiterhin besuchen konnte. Dort war die Betreuung gut und die Atmosphäre nicht so kalt und steril wie im Spital oder im Heim. Er hatte ein Einzelzimmer, grünes Bettzeug und orange Vorhänge. Es standen Blumen im Raum und täglich wurde er gewaschen und die Bettlaken gewechselt.

Als Céline ihn ein letztes Mal besuchte, wusste sie, dass der Abschied gekommen war. Eine langjährige Freundschaft ging zu Ende und er würde Frieden finden nach einem langen Leben mit Höhen und Tiefen, er würde Frieden finden auch von einem Leben, das es lange nicht gut mit ihm gemeint hatte, das ihm eine Kindheit und Jugend beschert hatte, an denen er ein Leben lang zu nagen hatte.

Der Unbeugsame

Céline lernte Tom auf einer Geburtstagsparty kennen. Mit der langen Mähne, den wilden Locken, die das längliche Gesicht zierten, und den großen grünen Augen sah er aus wie ein Abenteurer. Hinzu kamen eine schlaksige Figur und lange dünne Finger. Er hätte eigentlich schöne Zähne gehabt, vorausgesetzt, er hätte sie mehr gepflegt. Sie waren lückenlos und wenn er Céline anlachte, kam ein großes Gebiss zum Vorschein, leider durch zu viel Nikotin- und Koffeinkonsum gelblich gefärbt. Mit ein paar Bleaching- Sitzungen hätte sich das schnell verbessern können. Die Nase hatte das typisch griechische Profil und war nicht zu übersehen, die Wangenknochen waren breit, das Kinn markant. Er wirkte sehr willensstark und durchsetzungsfähig, männlich, kantig und energiegeladen. Als Céline Tom kennenlernte, war er 45. Sein Lebenslauf war beeindruckend.

Im Alter von 27 Jahren hatte er bereits eine eigene IT-Firma in bester Zürcher Lage mit einem Umsatz von einer halben Million, mit mehreren Mitarbeitern und das zu einer Zeit, als die IT-Branche noch nicht so verbreitet war wie heute. Der Konkurrenzkampf war groß und der Druck, Aufträge zu bekommen, ebenso. Zum Ausgleich lernte er Gleitschirmfliegen. Doch irgendwann wurde ihm dieser Druck zu groß. Ein Burnout drohte und der erste Karrierebruch erfolgte. Danach folgte ein totaler Neuanfang.

Der Drang nach mehr Freiheit, mehr Sozialleben und die Sehnsucht zu reisen, wurde immer größer. Tom verkaufte die Firma, bereiste die Welt, mietete eine Wohnung in Thailand und begann halbjährlich in der Schweiz oder in Thailand zu wohnen. Er hatte plötzlich viel mehr Zeit für das Gleitschirmfliegen und hatte zudem Zeit, wieder einen Freundeskreis aufzubauen. Als das Ersparte jedoch zur Neige ging, übernahm er eine Bar direkt beim Bahnhof Uster. Er lernte eine osteuropäische Frau kennen, die bereits einen dreizehnjährigen Sohn hatte und heiratete

sie. Leider stellte sich bald heraus, dass diese Ehe eine Fehl-
entscheidung war, da die Frau weder arbeiten noch sich sonst
irgendwie finanziell beteiligen wollte. Er wurde finanziell nur
ausgenutzt, dazu hatten sie ständig Streit und der Sohn akzep-
tierte den neuen Partner der Mutter nicht. Über Jahre leitete
Tom das Lokal erfolgreich, bis 2002 der Zürcher Nachtfahrplan
eingeführt wurde. Von jetzt an wanderte das Partyvolk nachts
nach Zürich ab. Toms Bar erreichte immer weniger Umsatz. Er
war gezwungen, seinen letzten Mitarbeiter zu entlassen. Drei
Wochen später erfolgte der Konkurs. Neben der Bar musste er
gleichzeitig seine Wohnung räumen, da er sich die Miete nicht
mehr leisten konnte. Das Mobiliar des Lokals verschacherte er
zu einem Spottpreis, das der Wohnung entsorgte er.

Fast zeitgleich mit der Aufgabe des Lokals summierten sich
die Trennungskosten und er verlor sein Erspartes. Es blieb ihm
nichts anderes übrig, als im Freundeskreis ein Zimmer zu mieten und nachts wieder in der Informatik zu arbeiten. Er weiger-
te sich, aufs RAV zu gehen oder Sozialgeld zu beziehen. Auf die
Briefe der Gemeinde mit Steuerschulden, die Mahnschreiben
und Betreibungsandrohungen reagierte er nicht mehr oder ließ
deren Fristen verstreichen.

Im Alter von 45 Jahren hatte er nichts als Schulden, eine
Scheidung hinter sich und bewohnte ein Zimmer. Er konnte
sich keinen Arzt, geschweige denn einen Zahnarzt leisten. Er
gab sich mit Alkohol die Kante. Zum Glück hatte er langjährige
Freunde, die zu ihm hielten. Céline lernte Tom kennen, als er
seine besten Jahre hinter sich hatte. Noch immer hatte er das
Verwegene eines Abenteurers. Sie verstanden sich auf Anhieb.

Ihr war sofort klar, dass er aufgrund seiner körperlichen
Verfassung Mühe hatte im Bett. Mittlerweile war sein ganzer
Körper vom Stress gezeichnet. Hinzu kamen seine langjährigen
Rauch- und Alkoholgewohnheiten. Céline war somit klar, dass
er die Kondition nicht mehr haben würde, eine Erektion lange
aufrechtzuerhalten.

Sie vermied es, mit ihm zu schlafen, obwohl dies immer im
Raum stand und sich eine gegenseitige Anziehung aufbaute. Es

entwickelte sich stattdessen eine langjährige Freundschaft mit nächtelangen Gesprächen über Gott und die Welt, mit Ausflügen in die Natur und zu Konzerten. Er war für sie da, wenn es ihr schlecht ging, hörte zu, wenn sie Geldprobleme oder Probleme mit einem Mann hatte. Innerhalb kürzester Zeit war er einer ihrer engsten Freunde, ohne dass sie miteinander schliefen.

Immer wenn sie sich verabredeten, war sie es, die in Aufruhr war, reden musste und wieder Ärger hatte mit der KESB, der Polizei und den Ämtern wegen eines Angehörigen. Meistens bot er ihr ein Glas Wein an und obwohl sie selten bis nie Alkohol trank, nahm sie sein Angebot an und es beruhigte sie. Er hörte zu und sie erzählte.

Sie gingen gemeinsam nachts im Freien übernachten, immer in der Nähe eines Gewässers und auch an sogenannten verbotenen Stellen. Er wollte kein Zelt, testete verschiedene Schlafsacksorten und unterhielt nachts das Feuer. Am frühen Morgen saß er bereits am See und fischte. Seine Autos waren alt und einmal löste sich bei einem älteren Modell während der Fahrt der Auspuff, und das scheppernde Geräusch begleitete sie auf der gesamten Heimfahrt von einem Ausflug an den Wägitalersee.

Im Alter von 54 Jahren verstarb er an Herzversagen. Er arbeitete zuletzt als Umzugshelfer im Unternehmen eines Freundes. Er sackte im Treppenhaus zusammen und jede Hilfe kam zu spät. Seine Beerdigung wurde von seinen nächsten Freunden organisiert. Bei der anschließenden Beerdigung war der Friedhof voll mit Trauergästen. Céline blieb er als beeindruckend zäh, stolz und unbeugsam in Erinnerung.

Er war meistens guter Laune, sprach selten über seine Geldsorgen und starb, wie er gelebt hatte: schnell, frei und unerwartet. Der Freund, der ihm die Umzugsarbeit vermittelte hatte und gleichzeitig auch sein letzter WG-Partner gewesen war, musste sich danach um seine behördlichen Angelegenheiten kümmern. Er informierte seinen Freundeskreis und die wenigen Familienangehörigen. Danach räumte er Toms Zimmer.

Tom verließ Célines Leben so unerwartet, wie er in ihr Leben getreten war. Alle waren sehr traurig und vermissten ihn sehr.

Der Entdecker

Franco liebte das Radfahren, seine Beine waren rasiert und muskulös. Sein Körper war durchtrainiert und seine Haare waren immer zerzaust. An den Händen klebte immer etwas Fahrradschmiere und mit den Narben an den Beinen und Armen hatte er etwas Verwegenes.

Er fuhr auch im Winter, einmal blieb er nach einem Sturz beim Downhillfahren liegen, den Fuß verrenkt und bewusstlos. Ein Jogger sah das herrenlose Fahrrad, suchte den Fahrer und fand ihn unten im Hang liegend, bereits unterkühlt. Franco wäre wohl über Nacht erfroren. Der Jogger alarmierte die Sanitäter und die Polizei. Céline konnte sich nicht mehr daran erinnern, wo sie sich das erste Mal getroffen hatten, nur, dass Franco sie angesprochen hatte und sie mit einem klapprigen Lieferwagen nach Hause genommen hatte. Er arbeitete in einem Fahrradgeschäft, war geschieden und jedes zweite Wochenende waren seine zwei halbwüchsigen Kinder bei ihm. Seine Entdeckerfreude war immens: Céline setzte all ihre Spielzeuge ein, von den verschiedensten Vibratoren bis zum Zahnrad, den Peitschen und den Handschellen. Er war Schmerzen gewohnt vom Fahrradfahren, vom stundenlangen Sitzen auf dem harten Fahrradsattel, von den Stürzen, den verhärteten Muskeln und den Wadenkrämpfen nach der Überanstrengung. „Ich bin dabei. Die einzigen zwei Bedingungen sind: keine Würgespiele und kein Blut!", mahnte sie. Céline war wieder einmal bei ihm zu Hause und er hatte seine Wünsche notiert. Es gab bei ihr Grenzen, ungeschriebene Gesetze. Sie wollte keine Verletzungen zufügen. Ebenso wenig war sie bereit, Lustgefühle auszulösen, indem sie das Gegenüber bis zur Bewusstlosigkeit würgte oder irgendetwas über den Kopf stülpte, dafür gab es andere. Heute Abend wollte er anal penetriert werden, dafür hatte sie sämtliche nötigen Utensilien eingepackt zu Hause. Sie holte die Analdusche hervor und zeigte ihm als Erstes, wie diese funktionierte, als Weiteres hatte sie

Latexhandschuhe dabei und eine Gleitmittelspritze. Dann holte sie Kondome hervor in der Größe des Analdildos, den sie sich mit einem Gürtel umschnallen konnte. Er verschwand in der Dusche und sie schnallte sich den Dildo um. Zum heutigen Programm gehörten auch noch zwei verschiedene Brustklammern, um den Druck bei den Nippeln zu erhöhen. Die einen Klemmen waren mit einem weichen Gummiüberzug versehen, um Verletzungen zu vermeiden, und mit den dranhängenden Ketten konnte man die Empfindungen steigern und bei Bedarf noch Gewichte daran hängen. Die anderen Nippelklemmen konnten mithilfe eines Klemmringes in der Größe variiert werden.

Beim ersten Mal Analverkehr fragte Céline immer nach, ob es so gehe, ob sie noch mehr penetrieren könne. Sie stieß den Dildo nicht einfach rein, er musste genug Gleitmittel darauf haben. Auch bei den Dildos gab es verschiedene Modelle und Größen, es gab sie in allen Farben und Formen: tannzapfenförmig, mit einem Griff hinten, zum Umschnallen, in Form eines Penis mit Hoden ... Sie waren aus Silikon, Kautschuk oder Edelstahl.

Es war auch für sie immer wieder speziell, einen Mann von hinten zu nehmen, eine Stellung einzunehmen, die normalerweise der Mann bei der Frau hatte. Aber es gab viele Männer, die penetriert werden wollten, einfach um einmal auszuprobieren, wie es sich anfühlte, ohne schwul zu sein. Sie fesselte Franco rücklings ans Bettgeländer, verband seine Augen mit einer Binde, die Nippelklammern würde sie beim zweiten Mal einsetzen und das erst, wenn er genug erregt war von der Penetration. Dann nahm sie ihn von hinten und wie erwartet ertrug er erstaunlich viel, schon bald kam der größere Dildo zum Einsatz, sie achtete peinlich darauf beim Entfernen die Gummihandschuhe zu benutzen und den Dildo mit einem Kondom zu bestücken, außerdem reinigte sie auch den Anus nach jedem Akt mit der Analdusche. Nach zwei Stunden waren beide ausgepowert. Sie räumte ihre Utensilien zusammen, dann trank sie noch einen Kaffee, duschte und verließ seine Wohnung.

An einem Freitagabend kontaktierte er sie und fragte, ob sie ihn in einen Swingerclub begleiten würde. Alleine wollte er nicht dahin gehen, er hatte Angst, dass es dort ein Überangebot an Männern geben würde, dass er nicht auf seine Rechnung käme. Offensichtlich war er froh, wenn sie ihm dort Gesellschaft leistete. Céline überlegte kurz, die Gefahr dort jemanden zu treffen, den sie kannte oder der sie erkannte, war groß.

Andererseits: Wer würde schon darüber reden, dass sie sich im Swingerclub getroffen hatten? So sagte sie zu und am Samstagabend holte er sie mit seinem Lieferwagen ab, sichtlich aufgeregt.

Sie betraten den Swingerclub. Im Erdgeschoss gab es eine große Bar und dann verteilte sich der Club auf vier Stöcke. In jedem Stock befanden sich Zimmer mit verschiedenen Themen, Fesselspiele, Grotten, Plüschzimmer und dazu Ecken und Räume, in die die Paare oder Gruppen sich zurückziehen konnten. Im obersten Stock auf der Terrasse gab es einen Pool. Viele Damen trugen knappe Lederminis und waren oben nackt. Die Männer hatten ein Frotteetuch um die Hüften geschwungen oder waren ganz nackt. Einige jüngere Paare waren anwesend, aber im Schnitt waren es wirklich viele Männer oder ältere Paare, die etwas Abwechslung suchten. Sie schwammen zuerst im Pool. Der Club befand sich in einem Industrieareal und war nicht einsehbar vor rundherum. Die Gäste kamen mit den Autos, bezahlten den Eintritt und blieben anonym.

Céline erkannte eine andere Frau von Weitem. Sie war in Begleitung von zwei Männern. Sie grüßten sich kurz und dann gingen sie weiter. Zusammen mit Franco lernten sie ein Ehepaar kennen, der Ehemann wollte nur zuschauen, wie seine Frau kam, das heißt, Céline brachte die Frau zum Orgasmus. Der Ehemann schaute zu.

Dann verschwand sie mit Franco in einen separaten Raum. Er nahm vom Nachttischchen ein Kondom rüber und sie schliefen miteinander.

Céline fand es schnell zu langweilig und sie duschten und verließen den Club nach zwei Stunden wieder. Mehr als eine Fleischshow war es nicht und es waren definitiv zu viele Männer, viel zu lernen gab es für sie auch nicht. Franco brachte sie zum nächsten Bahnhof und sie fuhr nach Hause.

Viele ihrer Männerbekanntschaften kannten ihre Adresse nicht und wollten auch nicht wissen, wo sie wohnte. Sie hätte auch nichts verraten.

Ihre Privatsphäre und ihr anderes, sogenannt normales Leben galt es zu schützen.

Zu schützen galt es vor allem auch ihre Kinder, sie wollte nicht, dass sie je in Berührung mit diesem Nachtleben kamen.

Der Schuhverkäufer

Es war drückend heiß in Istanbul. Die pulsierende Stadt am Bosporus mit den vielen Märkten mit Lederkleidern und Lederstiefelgeschäften, den Bauchtanzshows und den Keramikläden hatte es Céline angetan. Eigentlich war sie in Begleitung von John dort. Er bauchte eine kurze Auszeit von der Schweiz und hatte sie zu einer Woche nach Istanbul eingeladen. John war von den Schuhgeschäften mit den Lederstiefeln ebenso angetan wie sie! Besonders eines sprach sie beide an. Sie fielen auf im Geschäft, der kleine schwarz gelockte John und seine hochgewachsene rotblond gelockte Begleitung. Da sie öfters dort waren, lernte sie neben dem Geschäftsführer auch die anderen Angestellten kennen. Manchmal trank sie einfach nur Tee und unterhielt sich mit den Männern. In Istanbul erlebte sie, im Gegensatz zu Ägypten, wenig bis keine aufdringlichen Avancen. Aber sie war ja auch fast immer in Begleitung des kleinen, quirligen John. Natürlich bemühte sie sich, vor allem wenn sie alleine unterwegs war, so gekleidet zu sein, dass sie nicht angemacht wurde. Sie trug Kopftücher, wo nötig, und hochgeschlossene Pullis. An einem späteren Nachmittag ging Céline aus und entdeckte ein kleines Fußballclublokal. Drin saßen eine Runde Männer und eine einzige ältere Türkin, sie spielten Rummikub. Obwohl Céline kein Türkisch sprach, verständigte sie sich mit Händen und Füßen und etwas Englisch und die Runde ließ sie mitspielen.

Außer der älteren Türkin waren dort Männer in verschiedenen Altersgruppen. Nach kurzweiligen eineinhalb Stunden kehrte sie ins Hotelzimmer zurück. John war eingeschlafen und danach ausgeruht. Gemeinsam machten sie sich auch zu ihrem Lieblingslederstiefelschuhgeschäft. Bedient wurde sie im dort meistens vom Geschäftsinhaber, nur zweimal erschien ein junger Angestellter mit Bart und großen, dunklen Augen. Gerade als sie den Laden verlassen wollte, sprach er sie an und bat um ein

Treffen. Sie merkte, dass es ihn Überwindung gekostet hatte. Am nächsten Tag trafen sie sich im Hotel. Sie klärte ihm voraus, dass sie ihn nicht mitnehmen würde in die Schweiz, dass die Arbeitsbedingungen dort hart wären, wenn man kein Deutsch spräche, und dass es dort genug Arbeitslose geben würde. Er war ausgehungert nach Sex, gefangen in seiner Kultur, daher war es klar, für sie nichts zu verlangen, außer dass er für das Hotelzimmer aufkommen musste.

Sie sprachen kaum ein Wort, sein Englisch war recht gut, aber er nutzte die Zeit, die er mit Céline hatte. Anfangs noch etwas steif, wurde er schnell lockerer. Er kam schnell zum Höhepunkt, brauchte aber kaum Erholung und wollte gleich wieder. Nach zwei Stunden verließen sie beide das Hotel. Bis zu ihrem Abflug in die Schweiz trafen sie sich noch zweimal. John bekam von dem kurzen Rendezvous nichts mit. Céline war durch ihre langjährigen Doppellebenerfahrungen geübt darin, zu schweigen und Menschen zu belügen. Dann reisten Céline und John zurück in die Schweiz, in ihrem Gepäck drei Paar neue Lederstiefel und verschiedene Bauchtanzkostüme. Öfters setzte sie diese Tücher als Deko ein. Das pailletten-besetzte BH-artige Oberteil brauchte sie weniger, eher den paillettenbesetzten Gürtel und darunter einen durchsichtigen Rock.

Viele Kunden liebten es, wenn sie etwas auspacken konnten, oder anfangs nicht gleich die ganze Frau nackt sahen, andere standen auf Lack und Leder und High Heels.

Der Türkischlehrer

Untersetzt und kräftig gebaut, trat er vor Céline hin. Sie überragte ihn um Haupteslänge, das störte ihn keineswegs. Er hatte den ausgehungerten Blick, den viele Männer hatten, wenn die Ehefrauen sie abwiesen. Er sprach auf sie ein, erzählte, dass er Heimatsprachunterrichtslehrer sei und er eigentlich auch Hilfe im Deutsch brauche. Er sei mit der Familie erst drei Jahre hier und seine beiden Jungen besuchten die Primarschule. Er wollte sie zu Hause besuchen. Auf solche Anfragen stieg sie gar nicht ein. Das Problem war dann, dass ihre Identität aufflog, ihre Kinder miteinbezogen würden und sie später gestalkt werden konnte. Nur zweimal hatte sie Männern ihre private Adresse und Handynummer angegeben. Die meisten Kunden aber bediente sie unter falschem Namen und dem Zweithandy. Seine Haare waren pechschwarz und die stechend blauen Augen wurden durch den dunklen Teint noch mehr hervorgehoben.

Seine Zähne waren gleichmäßig und blendend weiß. Alles in allem sah er umwerfend gut aus, wäre da nicht die Größe gewesen. Aber der Blick auf die Hände zeigte, dass er untenrum sicher gut gebaut war, und falls der Penis etwas klein war, würde er das sicher mit der Härte und der Leidenschaft wettmachen. Je nach Dauer der ehelichen Abstinenz würde er wahrscheinlich auf zwei bis drei Stunden kommen, was für sie lohnenswert wäre. Da er als Familienvater am Abend nicht konnte, verabredeten sie sich tagsüber in einem Einkaufscenter. Dort gab es das Sheratonhotel mit Spa. Vielfach war der Spa der erste Ort, um die Kunden aufzulockern, je mehr Frauen drin waren, umso mehr geilte der Gast sich auf. Als Eymen aus der Garderobe trat, hatte er seine Unterhosen noch an. Es war offensichtlich sein erstes Mal in einer Sauna. Sie schickte ihn zurück in die Garderobe und wies ihn darauf hin, dass jegliche Bekleidung verboten war. Céline hatte Eymen davor die Saunaregeln bekannt gegeben. Er war sehr nervös vor seiner Premiere. Auf dem Weg

in die Wellnessräume fasste er nach ihrer Hand, er war wirklich
sehr nervös. Es war für ihn der Schritt in eine Art sexuelle Befreiung, raus aus der Enge seiner Strukturen und seiner Kultur.
Kaum waren sie in der finnischen Sauna, außer ihnen waren nur
noch zwei weitere Paare drin, merkte Céline, dass Eymens Glied
unter dem Badetuch bereits auf der Saunabank hart wurde. Sie
warteten, bis die anderen Paare die Sauna verlassen hatten. Es
dauerte etwas länger, bis er wieder etwas ruhiger wurde. Lange verweilten sie nicht im Spa. Nach einem Saunagang, anstatt
der üblichen drei, gingen sie duschen. Es wäre sonst für beide
eine Tortur geworden. Schon allein das Anschauen der nackten
Busen und der Frauenhintern erregte ihn. Er musste immer
wieder eine Erektion verstecken und abwarten, bis der Penis
schlaff wurde. Das dauerte.

Im Hotelzimmer war er innerhalb von Sekunden entkleidet
und die nächsten drei Stunden kamen beide kaum voneinander los. Er wollte möglichst viel Stellungen ausprobieren und
erzählte zwischendurch von seiner Frau und seinen beiden
Kindern. Wie vermutet lebte er die ganze aufgestaute sexuelle Enthaltsamkeit aus und die fehlende Körpergröße machte
er mit Leidenschaft wett. Er hätte gerne verlängert, aber sie
musste weiter und bereits so war der Stundenpreis, den er
für das Sheratonhotel bezahlte, den Spaaufenthalt und ihre
Zeit, enorm hoch. Ohne mit der Wimper zu zucken, bezahlte
er das Hotel mit der Kreditkarte und sie bezahlte er bar aus.
Leider hatte das Ganze dann ein unangenehmes Nachspiel.
Die Ehefrau kontrollierte die Kreditkartenauszüge und sein
Handy. Eines Tages rief sie mit Eymens Handy Céline an. Céline erfand eine Notlüge, dass er bei ihr zum Deutschunterricht gekommen sei und dass das beendet sei. Nein, sie wisse
nichts vom einem Hotelbesuch, und der Deutschunterricht
hätte im Restaurant Migros stattgefunden. Nein, sie hätten
keinen Kontakt mehr. Bei seinem nächsten Anrufen erklärte
sie, dass sie keinen weiteren Kontakt mehr wünsche. Er hatte
Mühe, das zu akzeptieren, und versuchte es immer wieder.
Einmal behauptete er, dass er retour in die Türkei müsse und

dass sie sich somit nie mehr sehen würden. Sie blieb hart, blockierte die Nummer und war froh, keine privaten Angaben rausgegeben zu haben.

Es war nicht nötig, dass eine Familie unter den Ausgaben des Vaters litt und dass eine Frau mitarbeitete, um die Eskapaden des Mannes zu finanzieren. Er würde es sicher schaffen, ihr seine Bedürfnisse mitzuteilen, und sie könnten auch gemeinsam einmal zum Wellnessen gehen, sofern er seinerseits seiner Frau mehr Freiheiten gewähren könnte. Céline glaubte aber nicht, dass Eymen es wirklich schaffen würde, ihr die gleichen Rechte einzugestehen. Außerdem waren die Kinder noch zu klein, als dass sie ihrerseits auch hätte ausgehen können, ohne eine Betreuung zu organisieren. Wenn keine Verwandten da waren, wurde es schwierig. Der Mann verlor das Gesicht, wenn die Frau unbegleitet ausging.

Céline kannte das nur zu gut von ihrem Mann. Es ging um seine Ehre, die Ehefrau alleine beim Ausgehen, das ging nicht.

Der Schulleiter

Céline stand am Spülbecken im Lehrerzimmer. Sie wollte nur noch schnell ihre Kaffeetasse auswaschen und danach nach Hause gehen. Die Teamsitzung hatte lange gedauert. Plötzlich spürte sie eine Hand auf ihrem Hintern. Eigentlich hatte sie geglaubt, alleine zu sein, da alle Lehrerinnen gegangen waren. Sie drehte sich um, Werner stand hinter ihr, ihr Schulleiter. Sie starrte ihn an. Erst sprachlos, dann wütend. „Das ist jetzt aber nicht dein Ernst?", fragte sie ihn. Er lächelte sie an und fragte: „Willst du mit mir nach Hause fahren?" Er ging gar nicht erst auf ihre Frage ein. Céline arbeitete noch nicht lange an dieser Schule. Im Jahre 2012 musste sie nach einem Burn-out die alte Stelle aufgeben und in einer neuen Gemeinde, in einer neuen Schule neu starten. Dieser Neustart schien gerade heiter zu werden. Sie hatte Werner beim Anstellungsgespräch von ihrem Burn-out erzählt, nicht aber von den Gründen, die dazu geführt hatten. Céline hielt nicht viel davon, Privates und Berufliches zu vermischen. Sie lebte mittlerweile nur noch mit dem erwachsenen Sohn zusammen, der noch über keine abgeschlossene Berufsausbildung verfügte und auf ihrer Wohnzimmercouch nächtigte. Sie beide lebten beengt in einer kleinen 2-Zimmer-Wohnung im selben Quartier, in dem sie als Kind gelebt hatte. Céline war gegenüber Werner eindeutig in der schwächeren Position. Er war ihr Chef, sie war auf diese Arbeit und den Verdienst angewiesen. Sie hätte nicht sofort die Energie gehabt, sich eine neue Stelle zu suchen, und er wusste das. Als ursprünglich ausgebildeter Psychologe und ehemals Chef einer eigenen Schule hatte er sich neu orientiert und war jetzt Schulleiter an einer öffentlichen Schule geworden. Es war davon auszugehen, dass er damit seine Pensionskasse aufbesserte und sich gleichzeitig auch in einer Midlife-Crisis befand nach einer dreißigjährigen Ehe ohne gemeinsame Kinder. „Ich möchte nicht von dir angefasst werden", wies Céline ihn höflich ab und fügte noch hinzu: „Und danke, nein. Ich nehme gerne den Zug nach Hause." Werner wohnte mit seiner Frau im angrenzenden Zürcher Quartier und Céline war zeitweise recht froh gewesen, wenn er sie in seinem silbergrauen Mercedes mitgenommen hatte. Bis dahin hatten sie sich bestens unterhalten und sie mochte seine einfühlsame Art. Eigentlich fühlte sie sich sehr wertgeschätzt bei ihrer Arbeit und auch gut aufgehoben, wenn er sich nach ihrem Befinden erkundigte. Sie war sich aus ihrer Kindheit nicht gewohnt, dass sich jemand um ihr Wohlergehen sorgte. Werner konnte das gut, nur dass Céline jetzt klar war, dass er mehr von ihr wollte, als sich nur um ihre Befindlichkeit zu kümmern. Es schien je länger, je mehr um seine eigenen Bedürfnisse zu gehen. Während einer 10-Uhr-Pause fragte er sie vor allen anderen Lehrerinnen, ob sie mit ihm Rad fahren käme. Céline war des Öfteren mit ihrem Rennrad zur Schule gefahren. Im Sport fand sie den Ausgleich, den sie mit all ihren Verpflichtungen bitternötig hatte. Katharina, eine Lehrerkollegin, antwortete an ihrer Stelle: „Wenn du mit Céline Rad fahren willst, musst du sie schon mit einem E-Bike begleiten. Sie fährt viel zu schnell für dich." Die anderen Lehrerinnen lachten. Céline war's nicht so ums Lachen. Werners Gesicht färbte sich rötlich. Er sah eigentlich ansehnlich aus, er war über einen Meter achtundachtzig groß und recht korpulent. Das kaschierte er mit einem Anzug, einer Krawatte und einem täglich frisch gebügelten Hemd. Für einen Schulleiter war er im Vergleich zu seinen Lehrerinnen overdressed.

Werners Gesicht war immer leicht rosa und vom guten Essen und dem vielen Wein etwas feiß. Er war nicht ihr Typ Mann, zu wenig Sport, zu viel Wohlstand. Des Öfteren fuhr er über Mittag mit seinem Mercedes in den Rotary Club zum Essen. Doch Werners Kleiderstil motivierte Céline auch, wieder vermehrt eine schöne Bluse anzuziehen oder mit einem Kleid aufzutauchen. Nur wenn sie im Sportanzug unterwegs war – sie unterrichtete Sport – trug sie lockere Kleidung. Nach dieser Anfrage zum gemeinsamen Fahrradausflug unterließ sie es, in Sportkleidern im Lehrerzimmer aufzutauchen.

Seit einigen Wochen hatten Werners Annäherungsversuche wieder zugenommen. Dabei blieb er jetzt aber immer auf der verbalen Ebene. Céline merkte, dass noch eine weitere Lehrerin vom Schulleiter belästigt wurde. Diese kam jedes Mal nach einem Gespräch unter vier Augen mit geröteten Wangen aus dem Büro. Céline versuchte, so weit es ging, in den Mitarbeitergesprächen mit dem Schulleiter immer wieder klarzumachen, dass sie nicht auf der Suche nach einer körperlichen Beziehung war. Sie ging sogar so weit, direkt zu sagen, dass er sich eine Affäre im Internet suchen könne und nicht im Arbeitsumfeld. Schließlich beschloss sie, die Stelle zu kündigen, und verlangte nach einem Zwischenzeugnis. Als sie dieses erhielt, waren im letzten Satz ihre gesundheitlichen Beschwerden aufgeführt. Die Abweisung hatte also jetzt Folgen.

Céline forderte Werner auf, die letzten Zeilen im Arbeitszeugnis wegzulassen. Sollte er dieser Aufforderung nicht nachkommen, würde Céline ihrerseits sein Verhalten schriftlich festhalten und an die Schulpflege der Gemeinde weiterleiten. Seit 2014 hatte sie den Rechtsanwalt des Zürcher Lehrerverbandes als rechtlichen Vertreter an ihrer Seite. Sie informierte diesen bereits vorsorglich über den Ablauf des Geschehens.

Werner spürte, dass es ihr ernst war, und passte das Arbeitszeugnis an. Mitte Februar kündigte Céline ihre Stelle auf Ende Schuljahr. Zu ihrem Erstaunen teilte ihr Werner mit, dass auch er die Gemeinde noch vor ihr verlassen und an eine Oberstufe wechseln würde. Sie begegneten sich später noch zweimal. Einmal in der Sihlcity, er war in Begleitung seiner Frau. Einmal vor einer Turnhalle, Céline im Turndress, er im Anzug und Krawatte in Begleitung einer anderen Schulleiterin. Beide Male war die Begrüßung steif und höflich und er schien sichtlich erleichtert, dass Céline sein früheres Verhalten mit keinem Wort erwähnte.

Wieder einmal war Céline außerordentlich froh, einen Rechtsanwalt an ihrer Seite zu wissen. Es war in ihrem bisherigen Leben bereits der fünfte, wenn man den Amtsverteidiger des Sohnes nicht miteinbezog. Sie hatte den Anwalt ihrer Mutter für ihren Vater sozusagen übernommen und später auch für ihre Kinder.

Danach folgte ein weiterer Anwalt für die Scheidung von ihrem nigerianischen Ehemann. Dieser Anwalt wanderte kurz nach Célines Scheidung nach Amerika aus. Sie engagierte zwei weitere Anwälte, einen Jugendanwalt für ihren Sohn und gleichzeitig einen für ihren Vater und die Familienangelegenheiten. Als letzterer gleichzeitig mit der Ausbildung in die forensische Psychiatrie und Strafverteidigung ihren Fall liegen ließ, wechselte sie zu einem neuen Anwalt, den ihr der bisherige empfohlen hatte. Leider war der neue jung und unerfahren, was dazu führte, dass sich das Verfahren gegen den Psychiater ihres Vaters sehr lange hinzog und eigentlich das angestrebte Ziel nicht erreichte.

Schlussendlich landete Céline bei ihrem hoffentlich letzten Anwalt, demjenigen des Zürcher Lehrerverbands. Er war auch der erste Rechtsanwalt, dem sie aus ihrem bisherigen Leben als Sexarbeiterin erzählte, ebenso über ihr Doppelleben als Lehrerin und Prostituierte, und dies erst, nachdem sie schon seit 8 Jahren seine Klientin gewesen war.

Sie war außerordentlich froh, nach ihrem Outing von ihm keine wertende Reaktion zu spüren. Sie war ihm auch sehr dankbar für seine Bereitschaft, sie bei ihrem Berufsausstieg als Lehrerin zu begleiten und dabei ihre zahlreichen Ups-and-Downs vor allem psychischer Art mitzumachen.

Der Überforderte

Céline war seit 2008 auf Anraten des Chefarztes einer Zürcher psychologischen Institution bei einem Mann in Therapie. Mit ihrem Thema „Rotlichtmilieu" sei es wichtig, die Meinung eines Mannes zu erfahren. Was da aber noch nicht im Raum stand, war, dass sie ja selbst auch im Rotlichtmilieu gearbeitet hatte und sich teilweise noch immer verkaufte, aber nur noch auf privater Basis. Was auch nicht im Raum stand, war, dass sie mit diesem Zusatzverdienst Rechtsanwälte anheuerte für ihren Vater, Familienmitglieder oder sich selbst. Im Jahre 2008 brauchte Céline diese therapeutischen Gespräche dringend, da ihre Mutter im Spital im Sterben lag und klar war, dass sich ihr Vater wieder im Milieu verschulden würde, sobald er Zugriff auf seine Bankkonten haben würde. Und das würde er haben, wenn sie es nicht rechtzeitig schaffte, eine Bankvollmacht zu bekommen oder die Konten zu blockieren. Am 13.8.2008 verstarb ihre Mutter im Hirslanden Spital, nicht ohne Céline vorher noch das Versprechen abzunehmen, sich um den Ehemann und die Familie zu kümmern. Was Céline damals ihrer Mutter auch versprach. Wie hätte sie einer Sterbenden etwas ausschlagen können? Mittlerweile war Céline selbst davon überzeugt, dass ihr Vater psychisch krank war aufgrund seiner Kindheit und dass er ohne Hilfe obdachlos werden würde. Wie sie sich dabei fühlte, konnte sie nicht verbalisieren, und der Druck, der sich dabei aufbaute, war grenzenlos. Eigentlich hatte sie den Wunsch, mit ihren beiden Kinder auszuwandern. Weg von dieser Schweiz, weg von dieser Familie und dieser Bürde, die „Frau" ihr auflastete. Leider brachte sie es nicht übers Herz, die Verantwortung abzugeben. Céline begann, ihre Schlaftablettendosis zu erhöhen. Sie stand wieder frühmorgens um 5 Uhr auf, um ihr Tagesprogramm vor der Schule zu planen. Sie listete sich täglich auf, wen sie kontaktieren musste und was zu tun war. Über die nötige Disziplin verfügte sie ja aus dem Sport. Es war wie ein Marathon in der Endphase. Nur dass Céline diesmal die noch anstehenden Hürden, die ihr bei diesem Marathon in den Weg gestellt wurden, unterschätzt hatte. Selbst hatte Céline im August 2008 eine neue Stelle angenommen, in Horgen. Ihr Sohn wurde in ein Internat nach Interlaken gebracht, ebenso im August 2008, weg von diesem Großvater und dessen Zürcher Geschichten und ihre Tochter befand sich in der Lehrabschlussprüfung. Zwei ihrer Schwestern hofften, dass man die Mutter im Spital noch retten könnte. Ihre Mutter aber wollte nicht mehr weiterleben. Sie hatte eigentlich schon lange Depressionen gehabt und immer wieder mal geäußert, dass sie sterben wolle. Für ihre katholische Mutter war das Sterben eine Erlösung und sie würde endlich ins Paradies kommen.

Weg von diesem Partner und den Sorgen dieser Erde. Und diese Erlösung erfolgte dann eben an jenem 13. August, glücklicherweise nicht am 12., dem Geburtstag von Célines Tochter, der ältesten Enkelin ihrer Eltern.

Was nach dem Tod der Mutter folgte, war der reinste Albtraum. Tagtäglich verkehrte ihr Vater wieder an der Zähringerstrasse in Zürich. Er besorgte sich die Bankkarten und eine Kreditkarte und innerhalb von drei Monaten verzockte er mehrere Hunderttausend Franken. Es war das Ersparte, das seine verstorbene Frau in ihren letzten Jahren zur Seite legen konnte. Jeden Tag bevor ihr Vater im Milieu abtauchte, informierte er Céline. Ihr Vater hatte Angst, von einem Zuhälter umgebracht zu werden, falls er zahlungsunfähig würde. Céline konnte ihn zu seinem eigenen Schutz nicht selbst in eine psychiatrische Klinik einweisen. Sie konnte ihren Vater auch nicht selbst medikamentieren. Sie notierte die Telefonnummern der Sexarbeiterinnen. Es brachte nichts, diese auf Spanisch anzufluchen.

Ihr Vater bezahlte den dominikanischen Frauen eine Amerikareise. Er fuhr sie mit seinem Auto im Kanton Zürich herum. Er stand daneben, wenn sie von seinem Konto Geld bezogen, und freute sich, von schönen Frauen umgeben zu sein. Auch wenn diese ihn ausnahmen, so wie man ein Huhn rupft, bis es nichts mehr zu rupfen gab. Céline suchte den Kontakt zum Psychiater des Vaters. Dieser blieb unerreichbar. Dafür meldete sich eine besorgte Angestellte der Zürcher Kantonalbank bei Céline, obwohl sie das aus Datenschutzgründen nicht durfte, und bat sie, sofort Maßnahmen zu ergreifen. Die Bankangestellte schickte ihr Auszüge des Bankkontos ihres Vaters. Mithilfe des elterlichen Hausarztes gelang es Céline – leider etwas spät – bei der Vormundschaftsbehörde der Stadt Zürich für ihren Vater eine Beistandschaft anzumelden. Da zum Glück der Vater damit einverstanden war, ging das relativ schnell über die Bühne. Céline schämte sich unsäglich für diesen, ihren Vater, sie wünschte sich, ihr Bruder oder ihre jüngere Schwester würden ihr diese Aufgabe abnehmen. Aber sie schaffte es nicht, die beiden darauf anzusprechen, aus Angst davor, weitere Familienangehörige zu belasten oder ihnen zu schaden. So versuchte sie, alle ihre „Baustellen" inklusive Schule, Arbeit und Kinder unter einen Hut zu bekommen, und rutschte je länger, je mehr in ein Burn-out. Als sie auch noch merkte, dass ihr Sohn und eine ihrer Schwestern immer mehr Schwierigkeiten bekamen, setzte sie sich auch dort noch ein. Ihr Vater war anfangs 2009 glücklich versorgt, danach starteten aber Probleme bei der Schwester und kaum war diese wieder auf dem Weg der Besserung, so gab es im Internat des Sohnes Probleme …

Das Ganze zog sich hin vom Jahre 2008 bis Anfang November 2011 und endete mit Straftaten und JuGa-Zeiten eines Familienmitgliedes. Damals war Céline gedanklich bereits so weit, einen Suizid zu planen. Céline schrieb ihrem Psychiater, notabene dem stellvertretenden Chefarzt der erstgenannten Institution, bereits im November ein Mail und einen Brief, in dem sie ihn über ihre Suizidabsichten informierte. Es wäre bereits ihr zweiter Suizidversuch gewesen. Den ersten hatte es vier Jahre nach ihrer Scheidung und wiederum vielen familiären Vorfällen mit dem Vater und zwei Schwestern gegeben. Auch dieser Versuch war eine Folge ihres ersten Burn-outs. Herr Dr. Wanner nahm dieses Schreiben nicht ernst. Er schien ihre Unterlagen nicht genau studiert zu haben. Sie aber besuchte ihn weiterhin in seiner Praxis. Er bat sie immer wieder mit Handschlag, sich nichts anzutun, aber er wies sie leider noch nicht in eine Klinik ein. Gerechterweise muss gesagt sein, dass er mit seinem Supervisor und seinem Chef Gespräche führte über ihren Fall. Er beharrte darauf, dass Céline als Lehrerin weiterarbeitete, obwohl in ihrem Fall ein Urlaub angebracht gewesen wäre. Sie würde ihre Angehörigen nie im Stich lassen, vorher hätte sie sich umgebracht oder umbringen lassen. Bei Céline stand die Familie zuoberst, viel höher als die Arbeit oder ihr eigenes Wohlergehen. Ihr Psychiater war überfordert. Dr. Wanner war mit Célines Lebensweise ebenfalls überfordert. Sie hatte wieder angefangen, sich zu verkaufen, um den Rechtsanwalt zu bezahlen. Diesmal aber ließ sie ihren Therapeuten an ihrer Arbeit in Form von Mails, von Bildern, Gesprächen und Erzählungen teilhaben. Einmal gestaltete sie das Praxiszimmer in eine Art Bordellraum um. Dr. Wanner probierte verschiedene Sextoys aus. Er bat sie, ihre Taschen mit allen Materialien mitzubringen, um nicht mehr in Versuchung zu kommen, sich zu verkaufen. Er lagerte ihre Sachen in seinem Schrank und eines Tages brachte Céline Müllsäcke mit, um alles zu entsorgen. Dr. Wanner, ein gerade mal zwei Jahre jüngerer Mann, ließ vieles widerstandslos mit sich geschehen. Er schaffte es nicht mehr, zu nahe bei Céline zu stehen. Er lief rot an, wenn sie ihn provozierte, und das tat sie.

Sie hatten angefangen, an der Limmat spazieren zu gehen, und saßen mittlerweile nicht mehr im Therapieraum. Draußen auf dem Platzspitzpark saß sie neben ihm, zog sich die Jacke aus und das darunterliegende Top ließ einen tiefen Einblick auf ihren Busen frei. Céline wusste, dass Dr. Wanner überfordert war mit ihr und er sich erst sträubte das zuzugeben. Doch irgendwann meinte Dr. Wanner, dass es besser wäre, wenn eine Frau ihre Therapie übernähme. Da aber war es bereits zu spät. Bei ihrer nächsten Therapiesitzung tauchte sie auf, abgefüllt mit Schlaftabletten, und während der Sitzung trat sie plötzlich ans Fenster und wollte sich aus einer Höhe von ungefähr 10 Metern auf die Straße runterstürzen. Dr. Wanner schaffte es gerade noch rechtzeitig, sie an einem Bein zurückzuhalten, und informierte telefonisch einen Mitpsychiater im selben Gebäude. Die

Rettung holte Céline ab und brachte sie via *fürsorgerischem Frei-heitsentzug* in die Klinik. Von dort haute Céline nach drei Tagen wieder ab, es war ja einfach, den Drahtzaun des Klinikgeländes zu überqueren und nach Hause zu gehen. Céline wollte noch den geplanten Schulausflug durchführen, merkte aber, dass auch das nicht mehr ging, da sie sich in Gedanken immer wieder unter die Geleise der Sihltalbahn legen wollte. Sie bat ihren Sohn, die Rettung zu rufen, und wurde ins Triemlispital gebracht, wieder abgefüllt mit einer Überdosis Medikamenten. Kaum war sie im Spital, tauchten bei ihrem und dem Zuhause ihres Sohnes vier Kantonspolizisten auf, die sie suchten, alarmiert von der psy-chiatrischen Klinik. Ihr Sohn dachte schon, dass Céline wieder vom Spital abgehauen sei. Célines Klasse stand am Morgen des Schulausflugs vor dem Schulhaus, nur mit einer Begleitperson, alle mit gepackten Rucksäcken, aber ohne Lehrerin. Der Schul-ausflug fand nicht statt, obschon bereits alles organisiert war.

Dr. Wanner, ihr Therapeut, richtete einen sehr kurzgehalte-nen Bericht an die Klinik, dafür führte er plötzlich vier nicht bestätigte Diagnosen an Céline ließ über einen befreundeten Psychologen eine dreiseitige *Rückmeldung zur Überforderung und zur Therapie von Dr. Wanner* schreiben. Darin war vermerkt, dass bei ihrem Thema eine weibliche Therapeutin sicher besser gewesen wäre, und zudem war auch vermerkt, dass sie ihren Suizidversuch ein halbes Jahr vorher angemeldet hatte und er nicht kompetent darauf reagiert hätte. Es folgte eine schriftli-che und mündliche Entschuldigung des Chefarztes. Hätte man aber Célines beiden Kindern die Mutter genommen, den beiden Kindern, die bereits keinen richtigen Vater hatten, hätte eine Entschuldigung wohl nicht ausgereicht.

Später hatte Dr. Wanner noch eine Datenschutzverletzungs-androhung von Céline am Hals, geschrieben von einem Rechts-anwalt. Dr. Wanner hatte drei Jahre später in einem Gespräch mit dem behandelnden Psychologen des Sohnes eine nicht be-stätigte Diagnose der Mutter ausgeplaudert und dieser Psycho-loge ging damit sofort zu Célines Sohn.

Wieder folgte eine schriftliche Entschuldigung. Vier Jahre nach Célines Burn-out, im Jahre 2016, rief Dr. Wanner Céline auf ihrem Handy an. Sie hatte immer noch dieselbe Nummer wie früher. Dr. Wanner wollte ihr nur mitteilen, dass die angedrohte Datenschutzanzeige für ihn sehr unangenehm gewesen sei. Céline war zudem erstaunt, dass er ihre Handynummer nicht gelöscht hatte. Sie sagte ihm, dass sie nur deshalb die Datenschutzverletzungsanzeige nicht durchgezogen hätte, weil sie auf seine Situation als Familienvater Rücksicht nehmen wollte.

Ein Vater, der drei Jahre Haft bekomme, nütze den eigenen Kindern nichts mehr. Und dann forderte sie Dr. Wanner noch auf, ihre Handynummer zu löschen, da sie ihn nun ohnehin blockieren würde.

Der Nutzlose

Wir schreiben das Jahr 1993. An der Balberstrasse in einem kleinen Einfamilienhaus war es wieder einmal so weit. Der Vulkan-
ausbruch stand kurz bevor, er startete mit dem hochroten Kopf
des Vaters, dann brüllte dieser los. Geistesgegenwärtig holte eine
bereits erwachsene Tochter im oberen Stock ihr Handy hervor.
Handys gab es glücklicherweise schon. Die Tochter informierte
das Kriseninterventionszentrum an der Militärstrasse und einen
Notfallpsychiater. Da das Toben auch am Handy unüberhörbar
war, tauchte innerhalb einer halben Stunde ein Notfallpsychiater auf, begleitet von zwei Krankenpflegern. Überrascht vom
unerwarteten Auftauchen von Drittpersonen, beruhigte sich
der tobende Vater relativ schnell. Dr. Wälti war damals noch
als Einsatzarzt im Kriseninterventionszentrum tätig. Er ging
bereits gegen die vierzig zu, hatte eine kleine, stattliche Figur
und bereits damals eine Ganzkopfglatze. Er sprach leise und
beruhigend, fast monoton auf den ihn um Haupteslänge über-
ragenden, kräftig gebauten Tobenden ein, flankiert von zwei
großen Pflegern. Dieser Einsatz und diese erste Begegnung
sollten der Start einer 16-jährigen psychiatrischen Behandlung
werden. 16 Jahre Therapie ohne Erfolg. Der Vater willigte ein,
sich in Dr. Wältis Therapie zu begeben, um seinen Jähzorn und
die Aggressionen in den Griff zu bekommen. Zu Beginn suchte
Célines Vater Dr. Wälti einmal pro Woche auf. Später wurden
die Sitzungen reduziert und der Vater ging nur noch alle drei
Wochen hin. Dr. Wälti verordnete ihm Seresta und Trittico. Célines Vater hatte ein sehr schlechtes Selbstbewusstsein, musste
er beispielsweise in seinem Geschäft eine Rede halten, zitterten
seine Hände. Auch zu Hause beim Essen sah Céline oft, dass
seine Hände zitterten, was sich dann erst nach Alkoholkonsum
legte. Die verordneten Tabletten befanden sich in der Küchen-
tischschublade. Konnte Céline vor einer Gymiprüfung schlecht
schlafen, erhielt sie die Tabletten erst vom Vater. Später nahm

sie sich diese selbst, es merkte ja keiner, ob welche fehlten. Trotz der psychiatrischen Begleitung nahmen die Ausflüge ins Bordell oder in die Betten von Frauen im Quartier nicht ab. Die Sexsucht des Vaters blieb unbehandelt. Auch wenn Dr. Wälti vernahm, dass der sechsfache Familienvater eine Prostituierte mit 30.000 Franken unterstützte, fand er es nicht nötig an, diesen Mann in eine Klinik einzuweisen, um die Familie vor den Geldsorgen und der damit verbundenen häuslichen Gewalt zu schützen. Wie Céline später in den Krankenakten des Vaters, die sie für die Errichtung der Beistandschaft anfordern musste, lesen sollte, war Dr. Wälti über die Gewaltexzesse und die Geldverluste informiert. Es ging sogar so weit, dass in der Krankenakte ihres Vaters folgender Satz stand: „Der Patient fürchtet sich vor seiner Familie. Er hat Angst, dass ihn seine Familie umbringen will." Damit hatte der Patient gar nicht unrecht. Es gab einen Vorfall im kleinen Einfamilienhaus, der allen Familienmitgliedern ein Leben lang in Erinnerung bleiben sollte. Trotz dieser Selbst- und Fremdgefährdung fand es Dr. Wälti immer noch nicht nötig, den Patienten in eine Klinik einzuweisen. Er war somit indirekt mitschuldig an einer gestohlenen Kindheit und Jugend von sechs Kindern, die sich nachher traumatisiert auf ihren Lebensweg begeben mussten. Mitschuldig auch an den vermehrten Klinikaufenthalten von vier der sechs Kinder. Zwei wohnten ja noch zu Hause und waren noch in der Ausbildung. Als Dr. Wälti immer öfters auch Bücher publizierte und später die Chefarztstelle einer psychiatrischen Klinik in einem anderen Kanton übernahm, betreute er nur noch seine besonders gut bezahlenden Patienten, darunter auch Célines Vater. Dieser war privat versichert. Jetzt fuhren Célines Eltern alle drei Wochen in einer zweistündigen Autofahrt zum Psychiater des Vaters. So kassierte Dr. Wälti weiterhin ab, ohne Erfolg. 16 lange Jahre, in denen es dem Psychiater nie in den Sinn kam, seinen Patienten aufgrund der eigenen Erfolglosigkeit an einen anderen Psychiater weiterzuverweisen.

Im Jahr 2008 lag die Mutter im Sterben und Céline suchte die Unterstützung des Psychiaters für die Errichtung der väterlichen Beistandschaft. Nach 16 Jahren Behandlung wäre es mehr als gerechtfertigt gewesen, dass der Psychiater seinem Patienten geholfen hätte. Ihr Vater wurde in diesem Jahr 78 Jahre alt und er witterte die große Freiheit. Dr. Wälti aber ließ sich über seine Sekretärin entschuldigen. Er hätte Rückenprobleme und könne leider nicht helfen. Einmal, Céline hatte ihn endlich am Telefon, sagte Dr. Wälti Folgendes zu Céline: „Ihr Vater wird in die Dominikanische Republik reisen und dort wird er sein Vermögen verlieren. Eventuell wird er schon vorher umgebracht." Céline antwortete ihm: „So weit sind wir noch nicht. Es ist Ihre Aufgabe, Ihren Patienten zu schützen. Und er ist bereits am Geldverlieren, wie sie wissen. Er will und er braucht Hilfe!" Dr. Wälti antwortete ihr: „Ich muss leider meinen Rücken behandeln lassen und kann ihrem Vater nur Ratschläge geben, mehr nicht." Damit war das Telefonat beendet und Céline merkte, dass sie von dieser Seite keine Hilfe erwarten konnte. Sie kontaktierte ihren Hausarzt und am 5. Dezember 2008, es war ihr eigener Geburtstag, schrieb der Hausarzt die für eine Beistandschaft nötige Gefährdungsmeldung und Anordnung. Céline saß zusammen mit ihrem Vater beim Hausarzt und sie wünschte sich, ihre kleinere Schwester oder ihr Bruder säßen dort. Sie schämte sich so sehr für diesen Vater, dass es ihr auf den Magen schlug. Ihr Vater hatte einen Zettel mit dabei, auf dem stand, wie viel Geld ihm die Prostituierten schon abgeknöpft hatten. Er war mit einer Beistandschaft einverstanden. Leider war auf dem Schreiben des Hausarztes für die Behörde vermerkt, dass der Patient noch seine Unterschrift behalten durfte. Das hieß, dass er noch eine Wohnung mit einer Frau hätte mieten können, was er dann später auch versuchte. Wollte auch der Hausarzt keinen Ärger mit seinem langjährigen Patienten? Zum Glück hatte Célines Vater dann aber bereits eine sehr gute Beiständin, die ihm drohte, ihm die Unterschriftenberechtigung zu entziehen, sollte er mit einer 40 Jahre jüngeren, sehr dicken slowenischen Frau und deren Sohn eine Wohnung mieten. Céline hatte leider das Vergnügen, diese Frau und ihren Bruder kennenzulernen, beide tauchten an ihrer Haustür auf und verlangten nach den Winterreifen des Autos, das ihr Vater ihr geschenkt hatte.

Der Bruder der Slowenin war riesig und massig. Das Auto, um das es sich handelte, gehörte aber rechtlich ihrer verstorbenen Mutter und somit zum Besitz, der vererbt werden musste. Sie klärte die beiden unerwünschten Besucher auf, verwies sie an die Beiständin und das Sozialzentrum Selnau. Zum Abschluss meinte sie noch lapidar, dass sie, sollte die beiden ein weiteres Mal auftauchen, ihren Bruder kontaktieren würde, und dieser hätte eine langjährige Militärkarriere hinter sich. In diesen Momenten hasste Céline ihren Vater, dessen Psychiater und alle, die einfach nur zuschauten.

Das Jahr 2008 ging zu Ende und der langjährigen Psychiater behandelte ihren Vater weiterhin. Da beschloss Céline, dass sie eine schriftliche Entschuldigung für das Verhalten dieses Mannes verlangen würde. Zudem empfahl sie der Beiständin, diese nutzlose Therapie zu beenden, was diese anfangs 2009 auch tat. Fünf Jahre später erhielten Céline und ihre Schwester eine Audienz bei Dr. Wälti. Mittlerweile arbeitete er wieder in einer Gruppenpraxis in Zürich. Er hatte als Chefarzt einer psychiatrischen Klinik aufgehört, später hatte er noch eine eigene Praxis. Als er diese schließlich verkaufte, mietete er ein Zimmer in besagter Gruppenpraxis und tauchte sozusagen unter. Schließlich willigte er in ein Gespräch ein. Dort entschuldigte er sich mündlich. Das aber reichte Céline nicht. 2018, zehn Jahre später, fand in St. Gallen, wo Dr. Wälti wohnte, eine Gerichtsverhandlung statt. Selbst erschien er nicht, er schickte nur seinen Rechtsanwalt. Die beiden kannten sich aus dem Militär. Nach einer **mehrstündigen** Gerichtsverhandlung unterzeichneten die beiden Rechtsanwälte eine Vereinbarung, in der stand, dass Dr. Wälti die außerordentlichen Belastungen anerkannte, denen die Kinder ausgesetzt waren aufgrund seiner fehlenden Behandlung. Céline hatte ihre Entschuldigung, nur dass Dr. Wälti nicht persönlich erschienen war, fand sie total daneben. Er war durch und durch feige und nutzlos gewesen. Einzig interessiert an Frauen- und Bordellgeschichten und an der guten Bezahlung, nicht aber am Wohle des Patienten und dessen Familie. In der Gerichtsverhandlung verlor Céline ihre Fassung.

Der Rechtsanwalt des Psychiaters erwähnte immer wieder seinen Stundenansatz von 400 Franken und dass sein Klient nicht so viel bezahlen wolle. Er griff auch den Anwalt der beiden Schwestern an und irgendwann reichte es Céline. Sie stand auf und schrie den Anwalt und den Richter an: „Sie beide wissen, nicht wie sich eine solche Kindheit und Jugend anfühlt. Hier geht es nicht ums Geld. Hier geht es um das verpfuschte Leben von sechs Kindern. Davon zu hören, ist nicht dasselbe, wie in diesen Schuhen zu stecken." Dann strömten Tränen aus Célines Augen und sie rannte aus dem Gerichtszimmer. Ihre Schwester und sie fuhren mit dem Zug von St. Gallen retour nach Zürich. Die Gerichtskosten wurden halbiert, eine Hälfte für Dr. Wälti, eine Hälfte für die beiden Schwestern, die man nach einem jahrelangen Martyrium mit einer Vereinbarung abgespeist hatte. Sie erhielten weder von einer Gesundheitsdirektion, noch von der Ärztekammer, noch von Patientenorganisationen Unterstützung, um gegen den nutzlosen Psychiater vorzugehen. Er sei sehr schwierig, einen Psychiater anzuzeigen, da er nur Handnotizen machen müsse. Das musste sich Céline andauernd anhören. Es dauerte zehn lange, teure Jahre, um das Papier mit der Entschuldigung von Herrn Dr. Wälti zu erhalten.

Das Verdingkind

In der Schweiz wurde dank dem Einsatz eines ehemaligen Verdingkindes die unrühmliche Geschichte der Verdingkinder aufgearbeitet. Als Entschädigung und Wiedergutmachung erhielten die ehemaligen Verdingkinder einen Geldbetrag von 25.000 Franken. Viele der Verdingkinder wollten dieses Geld aber nicht mehr. Sie wollten nicht an eine Kindheit voller Gewalt und Leid erinnert werden. Sie hatten ihre Geschichte verdrängt, die Narben waren teilweise verheilt, das Leben hatte die dunklen Farben des Gemäldes mit helleren Tönen übermalt. Célines Vater war eines dieser Verdingkinder gewesen. Als Jüngstes von elf Kindern, ungeliebt von einer Mutter, die überfordert war mit der Anzahl der Kinder, erlebte er schon in seinem Zuhause nur Schläge und Armut. Ihr Großvater war Angestellter in der mechanischen Seidenstoffweberei der Familie Schwarzenbach in Adliswil gewesen. Die Fabriken der Familie Schwarzenbach mussten teilweise schließen, als billige Importe aus dem Ausland die Schweizer Textilindustrie verdrängten. So verlor der Familienvater früh seine Arbeit und konnte seine Familie nicht mehr ernähren. Die Kinder mussten arbeiten gehen. Der älteste Sohn wurde in ein Kloster geschickt.

Mit zwölf Jahren, ohne fertigen Schulabschluss, musste Célines Vater Brot für eine Bäckerei austragen, morgens früh, wenn alle anderen noch schliefen. Dann kam er auf einen Bauernhof als Knecht nach Rieden im Kanton St. Gallen. Er hatte kein Zimmer zum Schlafen, sondern lag unter der Treppe auf dem Holzboden. Er wurde geschlagen und bekam spärlich zu essen. Der Lohn, den er verdiente, schickte der Bauer seiner Mutter. Eigenes Geld sah der Knabe nie. Wenn er von den Kindern gehänselt wurde, schlug er zu. Die Welt war grau und lieblos. Er lernte, sich mittels Gewalt zu wehren, das war das Einzige, das ihm Respekt verschaffte.

Dank einem älteren Bruder, der in den vergangenen Jahren ein Dachdeckergeschäft aufgebaut hatte, konnte er den Bauernhof verlassen und begann eine Lehre als Dachdecker. Alles lief gut, bis er an einem frostigen Wintertag ausrutschte, vom Dach fiel und unten liegen blieb. Er war alleine auf dem Dach gewesen, weit und breit kein Mensch. Er hatte eine Gehirnerschütterung, ansonsten aber Glück im Unglück, alle Knochen waren heil geblieben. Keiner war da, der den Sturz bemerkt hätte. So irrte er herum, nachdem er aus der Bewusstlosigkeit erwacht war, und fand erst den Heimweg nicht mehr. Er suchte den älteren Bruder auf, der im Kloster lebte. Die Gehirnerschütterung heilte aus und er kehrte wieder aufs Dach zurück. Mithilfe seiner späteren Ehefrau und Mutter seiner Kinder bewarb er sich beim Straßenverkehrsamt der Stadt Zürich, bekam als Straßenwischer eine Anstellung und leitete später ein Team von Straßenarbeitern. Dort blieb er sein ganzes Leben lang. Er kämpfte mit Minderwertigkeitsgefühlen am Arbeitsplatz und in der Familie. Er hatte kein Selbstvertrauen und suchte Nähe und Bestätigung bei Sexarbeiterinnen. Dabei machte er sich seine Familie und seine Nächsten zum Feind. Diese Feinde wiederum bekämpfte er mit dem einzigen Mittel, das er in seiner Kindheit gelernt hatte: mit Gewalt.

Im Jahre 2008 verstarb seine Ehefrau, unsere Mutter. Er überlebte sie um elf Jahre.

Als zwei seiner Töchter die Verdingkindentschädigung anforderten, war er bereits über 86 Jahre alt und leicht dement. Die Papiere anzufordern, in denen belegt war, dass ein Kind als Arbeitskraft verdingt wurde, war zeitaufwendig. Mithilfe von Fotos und Archiven ließ sich die Geschichte beweisen und nachvollziehen. Bevor er dement war, wünschte er sich, im Grabe der verstorbenen Ehefrau beigesetzt zu werden. Die Beiständin meldete ihn in der (Aargauer) Gemeinde an, damit er dort beigesetzt werden konnte. Mit dem Geld der Verdingkindentschädigung organisierten die Kinder eine katholische Beerdigung. So endete sein Leben in Würde. Ein Leben, das anfangs nur aus Tiefen bestand, aus Selbstzweifeln und Unzufriedenheit. Ein

Leben, das mithilfe der Ehefrau in ruhigere Bahnen gelenkt wurde und das nach deren Tod wieder zu Unwürde führte. Ein Leben, das für seine Frau und seine Kinder zeitweise zur Hölle geworden war. Ein Leben auch, in dem die erlittene Gewalt und die damit zusammenhängenden psychischen Folgen an die nächste Generation weitergegeben wurden. Dank einer von zwei Töchtern initiierten Beistandschaft und einem Hausarzt, der mithalf, konnte er die letzten zehn Jahre aufgehoben und ruhig im Altersheim verbringen. Ohne Unterstützung wäre er von Prostituierten ausgenommen und verarmt unter der Brücke gelandet.

EIN HERZ FÜR AUTOREN A HEART FOR AUTHORS À L'ÉCOUTE DES AUTEURS MIA KAPΔIA ΓIA ΣΥΓ
HJÄRTA FÖR FÖRFATTARE UN CORAZÓN POR LOS AUTORES YAZARLARIMIZA GÖNÜL VERELIM S.
CUORE PER AUTORI ET HJERTE FOR FORFATTERE EEN HART VOOR SCHRIJVERS TEMOS OS AUT
SERCE DLA AUTORÓW EIN HERZ FÜR AUTOREN A HEART FOR AUTHORS À L'ÉCO
BCEЙ ДУШОЙ К ABTOPAM ETT HJÄRTA FÖR FÖRFATTARE À LA ESCUCHA DE LOS AUT
MIA KAPΔIA ΓIA ΣΥΓΓΡΑΦΕΙΣ UN CUORE PER AUTORI ET HJERTE FOR FORFATTERE EEN
ÖINKÉRT SERCE DLA AUTORÓW EIN HERZ FÜ
FÖR SCHRIJVERS AO BCEЙ ДУШОЙ K ABTOPAM ETT HJÄRTA F

Die Autorin

Bei Theresa Cruz' Geburt war die Enttäuschung der Eltern groß, dass es wieder „nur" ein Mädchen war. Als stramme Katholiken wünschten sie sich einen Stammhalter. Ihr Vater vertrat die Ansicht, dass Frauen bestenfalls „die Beine breitmachen oder servieren gehen" sollten. Ein Gymnasialbesuch der Tochter kam nicht infrage. Kurzerhand ließ sie sich von einer Lehrerin einschreiben, was sie dem Vater zwei Jahre lang verheimlichte. Mit 18 Jahren verließ sie das von Gewalt dominierte Elternhaus – eine Prägung, die sie leider auch weiter begleiten sollte. Da sie sich für andere verantwortlich fühlt und deren Leid stets auf sich geladen hat, kam es trotz psychiatrischer Behandlung zweimal zum Burn-out.

Theresa Cruz setzt sich in ihrer Biografie intensiv mit den Themen Gewalt, Selbstbestimmung und psychische Gesundheit auseinander. Ihre Erfahrungen aufzuschreiben und sie so mit anderen teilen zu können, war für die Autorin eine Art Therapie.

novum 📖 VERLAG FÜR NEUAUTOREN

Der Verlag

*Wer aufhört
besser zu werden,
hat aufgehört
gut zu sein!*

Basierend auf diesem Motto ist es dem novum Verlag
ein Anliegen, neue Manuskripte aufzuspüren, zu ver-
öffentlichen und deren Autoren langfristig zu fördern.
Mittlerweile gilt der 1997 gegründete und mehrfach
prämierte Verlag als Spezialist für Neuautoren in
Deutschland, Österreich und der Schweiz.

**Für jedes neue Manuskript wird innerhalb we-
niger Wochen eine kostenfreie, unverbindliche
Lektorats-Prüfung erstellt.**

Weitere Informationen zum Verlag und
seinen Büchern finden Sie im Internet unter:

w w w . n o v u m v e r l a g . c o m